Coriolano

Coriolano

WILLIAM SHAKESPEARE

Introducción, traducción y notas de
Pablo Ingberg

Clásicos Losada
Primera edición: octubre de 2004
© Editorial Losada, S. A., 2004
Moreno 3362 - 1209 Buenos Aires, Argentina
Viriato, 20 - 28010 Madrid, España
T +34 914 45 71 65
F +34 914 47 05 73
www.editoriallosada.com
Distribuido por Editorial Losada, S. L.
Calleja de los Huevos, 1, 2° izda. - 33003 Oviedo
Impreso en Argentina
Título original: *The Tragedy of Coriolanus*
© Traducción: Pablo Ingberg
Tapa: Peter Tjebbes
Maquetación: Taller del Sur
Queda hecho el depósito que marca la ley 11.723
Marca y características gráficas registradas en la Oficina
de Patentes y Marcas de la Nación.

Shakespeare, William
  Coriolano / William Shakespeare: prólogo de Pablo
Ingberg. - 1ª ed. – Buenos Aires: Losada, 2004.
336 p.; 18 x 12 cm. (Biblioteca Clásica y Contemporánea.
Clásicos Losada 652)

Traducido por: Pablo Ingberg
ISBN 950-03-0568-2

1. Teatro Inglés-Shakespeare. I. Ingberg, Pablo. II. Título.
CDD 822.33

Índice

Introducción, de Pablo Ingberg		9
Personajes		54
Acto I.	Escena I	57
	II	79
	III	82
	IV	91
	V	99
	VI	102
	VII	110
	VIII	111
	IX	113
	X	121
Acto II.	Escena I	125
	II	148
	III	162
Acto III.	Escena I	183
	II	214
	III	225

Acto IV. Escena I		237
	II	241
	III	247
	IV	251
	V	253
	VI	269
	VII	282
Acto V. Escena I		287
	II	293
	III	301
	IV	315
	V	320
	VI	322

Introducción

El debut de *Coriolano* en letras de molde consistió en su inclusión dentro de la edición en folio de 1623, primer acercamiento a una recopilación de todas las obras del por entonces ya fallecido William Shakespeare (1564-1616), a cargo de dos actores que habían trabajado con él. Allí estaba destinada a ocupar el sitio inicial entre las tragedias, pero inconvenientes de último momento motivaron que fuera relegada en el orden por *Troilo y Crésida*, en realidad considerada ya desde hace tiempo como perteneciente a otro grupo, el de las "comedias sombrías".

La copia de donde fue tomado el texto parece haber sido relativamente de muy buena calidad. Aunque no hay consenso al respecto, es probable que haya sido transcripción directa de un manuscrito del autor, preparada para su uso en el teatro. Presenta división en actos, pero no en escenas, de las cuales sólo la primera está así señalada. La restante subdivisión fue tarea de editores posteriores, y sólo concluyó, más tardíamente que en la generalidad de los casos, a mediados del siglo XIX con la intervención de Alexander Dyce.

No se ha conservado, pues, de esta pieza ninguna edición individual en cuarto, ni tampoco registro de derechos de publicación ni testimonio de primeras representaciones, elementos que permitirían establecer con cierto margen de precisión la fecha en que fue compuesta. Con todo, dos indicios más o menos firmes permiten postular los términos máximos entre los cuales tuvo que haberlo sido. Por un lado, la fábula del vientre que expone Menenio en la escena inicial es más extensa que la versión que da Plutarco en la fuente principal de esta obra, y exhibe notorios puntos de contacto con la de William Camden en *Remanentes de una obra mayor acerca de Bretaña*, publicada en 1605. Por el otro, una peculiar frase de Cominio cuando relata ante el senado las hazañas del protagonista, en la segunda escena del acto segundo, es imitada por Ben Jonson en su *Epiceno*, que fue representada por primera vez entre fines de 1609 y principios de 1610.

Algunos otros indicios más inciertos podrían contribuir a ubicar la composición dentro de esos límites temporales, entre 1605 y 1609. Uno de ellos, también literario, es que Shakespeare, quien antes en *Troilo y Crésida* había hecho uso de la *Ilíada* en la traducción inglesa de siete cantos no continuos a cargo de George Chapman, publicada en 1598, parece haber tomado al menos una frase del canto IV (verso 43) incluido en una nueva publicación de fines de 1608, que ahora comprendía los primeros doce en forma continua. La suerte de paradoja con que Zeus concede allí a Hera la destrucción de Troya: "pues te cedo (Troya) gustoso contra el gusto de mi alma" (*I grant thee willingly, although against my will*, en la traducción de Chapman), se adapta a los plebeyos que pretenden desconocer su responsabilidad en el destierro de Coriolano: "aunque consentimos voluntariamente que lo desterraran, igual fue contra nuestra voluntad" (*though we willingly consented to his banishment, yet it was against our will*). Sin embargo la fecha de publicación, 1608, no es un dato determinante, ya que Shakespeare podría haber conocido la traducción de Chapman anteriormente en manuscrito.

Varios hechos ocurridos durante el período en cuestión tal vez hayan dado letra a algunos pasajes. Entre diciembre de 1607 y enero de 1608, la superficie del Támesis se congeló por primera vez en más de cuarenta años, y sobre ella se encendieron fogatas; eso podría haber inspirado una figura que emplea Marcio (quien luego recibirá el sobrenombre honorífico Coriolano) para calificar a los plebeyos en la escena inicial: "no más fiables... que el carbón en llamas sobre el hielo". Algo similar se ha imaginado en referencia a otra figura que emplea el mismo protagonista para denostar al tribuno Sicinio en la primera escena del acto tercero: "¿... tiene espíritu / Para hablar de desviar vuestra corriente a un foso / Y hacer suyo el canal?"; en efecto, en febrero de 1609 comenzaron las tareas para poner en práctica un proyecto destinado a traer agua fresca a Londres a través de canales, lo cual desató grandes polémicas; de todos modos, el plan había comenzado a debatirse un año antes, y esa clase de disputas no era infrecuente en relación con el agua para riego de los campos.

Pero el acontecimiento más significativo, en conexión con el contexto en que seguramente fue escrita y primeramente representada esta tragedia, fue una serie de extendidas rebeliones agrarias que estallaron en 1607 contra el cierre de campos para ser destinados a pastura ovina, lo cual implicaba pérdida de puestos de trabajo y menor área dedicada a la siembra de cereales. De hecho, la temida falta de granos se produjo al año siguiente, y a principios de 1609 hubo que importarlos para paliar la escasez. Si bien Inglaterra no había conocido revueltas de tal magnitud en más de medio siglo, éstas removieron el recuerdo de otras que habían surgido a mediados de la década anterior, incluso con repercusiones en algunos amotinamientos de artesanos dentro de la mismísima Londres, que en conjunto fueron mucho más focalizadas, pero también más violentas, al punto que acabaron con la ejecución de varios cabecillas. Ahora el propio Shakespeare podría haber tenido algún contacto más o menos directo con el problema, puesto que desde principios del nuevo siglo había comenzado a adquirir tierras explotables en las cercanías de su ciudad natal. Lo cierto es que él, aunque también persiguiera evidentes fines de condensación dramática, fusiona en el comienzo de *Coriolano* dos rebeliones sucesivas de la plebe romana referidas por Plutarco, la primera contra la usura y la segunda contra la escasez de cereal, en una sola con el segundo de los móviles, donde los plebeyos amotinados bien podían evocar en el público de la época a los artesanos londinenses.

En definitiva, ninguno de los indicios precedentemente esbozados resulta lo bastante sólido y concluyente a fines de establecer una fecha de composición medianamente acotada. Hay sin embargo cierto consenso, apoyado además por análisis estilísticos, en torno a la idea de que fue escrita a continuación de *El rey Lear*, *Macbeth* (1606) y *Antonio y Cleopa-*

tra. Tampoco respecto a la fecha de esta última hay certeza, ni mucho menos en cuanto a *Timón de Atenas*, otra aproximadamente contemporánea; pero una voluntad de vislumbrar un recorrido autoral sugiere que posiblemente *Coriolano* haya avanzado en un desprendimiento del género trágico, que había comenzado a delinearse con *Antonio y Cleopatra* y llegaría al límite final con *Timón*, para dar paso a la experiencia de los dramas de aventuras, de *Pericles, príncipe de Tiro* a *La tempestad*.

En su primera incursión por el terreno de la tragedia, *Tito Andrónico*, escrita a más tardar en 1593, el joven Shakespeare demuestra tener ya algún conocimiento de esta historia (legendaria) que más adelante retomaría, ya que en la cuarta escena del acto cuarto un personaje trae la noticia de que el hijo de Tito, Lucio, quien había sido desterrado de Roma, marcha hacia la ciudad a la cabeza de un ejército de godos, a quienes antes había ayudado a vencer, y "amenaza... / Con hacer tanto como nunca hizo Coriolano". El conocimiento al menos general que allí se exhibe puede haber sido adquirido por muy diversas vías, entre otras el relato sumario inspirado en Tito Livio que hace William Painter dentro de su *Palacio del placer* (1566). Empero, ciertos detalles, como una alusión a Cornelia, hija de Escipión Africano y madre de los Gracos, al inicio del acto cuarto, dan a suponer que ya por entonces el dramaturgo tenía alguna lectura de las *Vidas paralelas* de Plutarco, vertidas al inglés de la traducción francesa de Jacques Amyot por Thomas North y publicadas como *Lives of the Noble Grecians and Romans* (*Vidas de los nobles griegos y romanos*) en 1579, y luego en 1595 con adiciones y en 1603.

Julio César, *Antonio y Cleopatra* y en menor medida *Timón de Atenas* extraen su materia de diversas "Vidas" narradas por Plutarco según la versión inglesa de North, y otro tanto sucede con *Coriolano*. Cabe acotar marginalmente que, si bien el historiador griego de fines del primer y principios del segundo siglos de nuestra era, al igual que sus predecesores cercanos Tito Livio y Dionisio de Halicarnaso, narran –con variantes– esta historia como verídica, y por tal se la tuvo largamente, la historiografía moderna la considera legendaria. Como en las tragedias arriba recordadas, especialmente las dos primeras, y también como en los "dramas históricos" basados sobre crónicas inglesas, el bardo toma de la fuente los grandes trazos de la historia, incluso la sigue muy de cerca hasta en el léxico en algunos pasajes, pero al mismo tiempo impone no pocas transformaciones al servicio del desarrollo dramático. En cuanto a los personajes, los dos principales, Coriolano y Volumnia, deben bastante a Plutarco, no sin un buen margen de interpretación creativa, mientras que Menenio, Aufidio, los dos tribunos, Virgilia, Valeria y Cominio resultan desarrollados a partir de unos pocos elementos aportados por la fuente. En ella no predomina un estilo de narración próximo a lo dramático, pero cuando brinda esa facilidad, la pieza teatral no la pasa por alto. Los pasajes donde más presente está el fraseo de North son declamatorios y marcan las grandes crisis emotivas en la obra: las críticas de Coriolano a la entrega gratuita de cereal a la plebe en la primera escena del acto tercero; sus palabras ante Aufidio en Ancio durante la quinta escena del acto cuarto, y los extensos ruegos de Volumnia en la tercera escena del acto quinto. Las transformaciones más relevantes, además de las ya apuntadas fusión de dos rebeliones en una y expansión de la fábula del vientre, consisten en omisiones, condensaciones, alteraciones del orden cronológico y en la elaboración de siete escenas completas que son plena invención del dramaturgo para brindar mayor trabazón y complejidad a la trama.

Un aspecto de particular interés en correspondencia con el contexto histórico de la composición es el cambio operado en el proceso de presentación de Coriolano para el consulado. Shakespeare condensa los tiempos y la tensión ligando directamente la postulación con la hazaña guerrera del protagonista en Corioles (nombre de la ciudad volsca tomado de Amyot vía North, más propiamente Corioli) y retrotrayendo al inicio una rebelión intermedia; pero lo más significativo es que atribuye la iniciativa a los patricios y elimina la competencia electoral con otros candidatos (si bien en el diálogo entre dos oficiales que abre la segunda escena del acto segundo se habla al pasar de tres candidatos, eso no tendrá luego reflejo en la acción). El resultado se parece bastante al modo en que se llevaban a cabo por entonces las elecciones parlamentarias inglesas: los nobles más poderosos de cada condado acordaban quiénes serían los dos candidatos para los dos puestos por cubrir, y así el sufragio popular quedaba reducido a la voz (voto oral) que se expresaba en una simple aclamación.

Tal como se adelantó precedentemente, Tito Livio da una versión de este material en el libro II de su *Historia de Roma* (en latín *Ab urbe condita*, esto es, *Desde la fundación de la ciudad*), que en traducción inglesa de Philemon Holland se publicó en 1600. En todo aquello en lo que difieren Tito Livio y Plutarco, la pieza teatral sigue a este último, excepto en la forma en que el héroe ingresa a Corioles: solo, según el historiador romano y el dramaturgo inglés, y seguido por unos pocos valientes, según el griego. Esto únicamente no probaría que Shakespeare hubiese leído la traducción de Holland, pero unos pocos préstamos verbales tienden a demostrar que sí lo hizo. Algunos de ellos están en la fábula del vientre, donde también los hay del ya mencionado William Camden (quien la traduce de una versión latina) y de *Un maravilloso combate de contrariedades* de William Averell, título aparecido en 1588. En suma, las fuentes escritas identificadas para esta tragedia, aparte del predominante Plutarco, son escasas y vinculadas con detalles puntuales. Todas ellas se verán apuntadas en su relación concreta con el texto dentro de las notas a la traducción. En cuanto a la versión de esta historia que da Dionisio de Halicarnaso en sus *Antigüedades romanas*, tenida en cuenta por Plutarco para la suya, no fue traducida al inglés sino hasta el siglo XVIII.

Ciertas ductilidades de *Coriolano* saltan a la vista en un rápido repaso de sus incursiones por los escenarios: ha sido representada por elencos de entre diez y doscientos cuarenta actores, y puesta al servicio de muy variadas ideologías y coyunturas políticas. De esto seguirá seguramente riéndose (o por esto revolviéndose) en su tumba o trono celestial el bardo, extraordinario especialista en mostrar fuerzas en pugna sin que se pueda llegar a demostrar su preferencia por alguna. Hasta un personaje con tanto flanco abierto al acartonamiento en lo odioso como el que encara aquí se vuelve en sus sutiles manos digno de otros diversos y aun contradictorios sentimientos.

Como se anticipó al comienzo de esta introducción, no nos ha llegado constancia de las representaciones iniciales. La primera que nos es conocida data de 1681, años después de que la restauración de la monarquía permitiera la reapertura de las salas teatrales, y, según se estilaba por entonces, acudió a una adaptación. Nahum Tate, quien antes había acometido similar tarea con *El rey Lear* y *Ricardo II*, la repitió con *Coriolano*, cuyo título pasó a ser, bajo su pluma, *La ingratitud de una comunidad, o La caída de Cayo Marcio Coriolano*. Ya en este primer tratamiento escénico del que tenemos testimonio se observa la manipulación política del texto. Transcurrían los convulsionados años finales del reinado de Carlos II, en los que un complot papista había desembocado en persecución a los católicos, y su hermano, luego coronado como Jacobo II, por su declarado catolicismo había tenido que abandonar el mando de la flota y marcharse a Escocia, mientras el parlamento procuraba impedirle la sucesión en el trono. En su dedicatoria, Tate destaca el supuesto paralelo entre la obra (más bien su adaptación) y la situación del momento, en la que, según sostiene, revoltosas facciones perturbaban el estado e intentaban seducir a la multitud en contra de autoridades legítimamente constituidas. En conjunto retuvo un sesenta por ciento del original, no sin retoques en la mayor parte, y cambió prácticamente por completo el último acto. Ya mucho antes de éste ha introducido grandes mutaciones: Valeria es convertida en una especie de dama inglesa de la época, afectada y parlanchina, lo que da lugar a chanzas sobre la sociedad contemporánea a la representación; Coriolano se vuelve más presentable, generoso con su entorno, atento a que se ofrezcan a sus soldados caídos los ritos religiosos correspondientes; los tribunos son meros agitadores sociales; el lugarteniente de Aufidio, a quien Shakespeare da un pequeño papel en la séptima escena del acto cuarto, resulta ser un romano renegado, llamado Nigridio, quien incita el odio de su nuevo jefe para alcanzar su propia venganza personal sobre Coriolano. Tras el destierro de éste, última conexión con el futuro Jacobo II, desaparecen juntos todo rastro del autor original y toda connotación política presente, como no sea el desastre al que conducen las grandes confrontaciones intestinas. En efecto, la muerte se generaliza en un puro melodrama. La escena transcurre en Corioles, adonde han acudido también Menenio y la familia del protagonista; éste alcanza a liquidar a varios conspiradores y a herir a Aufidio antes de caer ensangrentado, pero no tanto como para que su agonía no le permita presenciar con vida lo que sigue; Aufidio intenta violar a Virgilia, y en cambio muere en el escenario, mientras ella, que se ha apuñalado para evitar la deshonra, entra a morir en brazos de su esposo; Nigridio se jacta de haber matado a Menenio y torturado a Marcio hijo, quien, desfigurado y desfalleciente, ingresa cargado por la enloquecida Volumnia; ella arrebata la pica de un guardia, mata al renegado asesino, deja al niño para que muera en brazos del padre y sale corriendo. En palabras de C. F. Tucker Brooke, es un placer señalar que esta versión parece no haber sido un éxito.

Con no mayores logros en ningún sentido realizó John Dennis la siguiente adaptación, *El invasor de su patria, o El resentimiento fatal*, representada por sólo tres noches en 1719 y publicada al año siguiente. La situación política daba pie ahora a una manipulación en la dirección opuesta: el punto crucial no era el destierro de un "bueno" sino la amenaza de invasión de un "malo". En efecto, a la muerte de la reina Ana, en 1714, había ascendido al trono su hijo Jorge I, y al año siguiente los escoceses que se habían levantado en apoyo de otro pretendiente a la corona, el hijo de Jacobo II, fueron derrotados. De cualquier modo, ya había transcurrido cierto tiempo desde entonces, y la intervención de Dennis en el texto perseguía además un sentido moral del que, en su opinión, el original carecía. Mucho menos Shakespeare hay en esta versión que en la anterior de Tate, aunque también menos inventiva. Las diez escenas del primer acto quedan reducidas a una, la batalla de Corioles; las seis del último acto, a dos, la de la súplica de Volumnia y la del asesinato. La primera de ellas se convierte más bien en un debate, donde el hijo termina persuadido por su madre de que el bien de la patria debe ser antepuesto a la propia vida. En la segunda, Coriolano despacha a Aufidio y a tres conspiradores antes de que un cuarto lo mate por la espalda, y los sediciosos tribunos son arrastrados por la plebe para ser ejecutados. Por las razones políticas antes apuntadas, el énfasis recae en la amenaza externa por sobre las relaciones personales.

En la misma temporada teatral 1719-1720 se representó dos veces más la obra, curiosamente publicitada como "*El invasor de su patria*, escrita por Shakespeare", y aun otras cinco veces, bajo el título original, entre 1720 y 1722. Poco se sabe al respecto, pero no parece que el texto del bardo haya sido seriamente restaurado para tales ocasiones.

El siguiente en ocuparse del tema fue el poeta James Thomson, fallecido en 1748, pero no con una adaptación sino con su propio *Coriolano*, que escribió en sus últimos años de vida tomando como fuente a Tito Livio y Dionisio de Halicarnaso en lugar de Plutarco. De allí que sean distintos los nombres de algunos personajes: Veturia es la madre y Volumnia la esposa de Coriolano, y el antagonista volsco es Atio Tulo (Volumnia, Virgilia y Tulo Aufidio respectivamente en Plutarco y en Shakespeare). Aunque la situación coyuntural se habría prestado nuevamente al uso político, pues por entonces era derrotada una nueva rebelión escocesa que procuraba restablecer a un Estuardo en el trono, Thomson eligió componer una tragedia neoclásica y declamatoria, con unidad de lugar en el campamento volsco. Así, la crisis política romana no tiene casi espacio en la acción, que además es bastante escasa, pues cede terreno a las motivaciones psicológicas, centradas en la rivalidad personal entre los dos grandes guerreros. En la escena de la súplica, Veturia extrae una daga y amenaza con suicidarse, y a continuación, tras el asesinato del protagonista, Tulo es arrestado. Esta pieza fue representada durante diez funciones en 1749, pocos meses después del fallecimiento del poeta y a instancias de un amigo suyo que quiso así rendirle homenaje. Y quizá no merecería ser mencionada aquí si no hubiese tenido una influencia determinante en subsiguientes adaptaciones.

Thomas Sheridan planeaba poner en escena el *Coriolano* de Thomson durante ese mismo año, en Dublín, pero el proyecto quedó en suspenso. Cuando lo concretó en 1752, lo hizo con su propia adaptación, *Coriolano, o La matrona romana*, que fue luego llevada a Londres en 1754, donde obtuvo favorables reseñas, y allí mismo repuesta varias veces más hasta 1768. Pocos son los agregados de la propia pluma de Sheridan, que a grandes rasgos combinó la caracterización de personajes y algo de la acción de Shakespeare con la trama más regular de Thomson. Los dos primeros actos contienen mayormente texto de aquél; los tres últimos, de éste. El acto primero de Shakespeare se comprime en lo que es su tercera escena, la de las mujeres en casa de Coriolano, con el agregado de un mensajero que trae la noticia de la victoria contra los volscos. Sheridan completa su acto inicial con un resumen del segundo del bardo, y transforma el tercero de éste, con algunos cortes, en su segundo. El resto está tomado de Thomson, con interpolaciones menores de Shakespeare. Los cortes en los primeros actos hacen a Coriolano menos arrogante. Por el lado de los añadidos, el principal de este adaptador, que instauraría una moda prolongada hasta el siglo veinte, fue el espectacular despliegue en la entrada triunfal de Coriolano después de la victoria en Corioles: según el anuncio publicitario, sólo la procesión militar incluía ciento dieciocho personas. Durante la temporada de 1754, compitió brevemente con esta versión otra, a cargo de David Garrick, que se atenía al original, si bien con grandes cortes y, desde la segunda de las nueve funciones, con incorporación de la espectacularidad en el desfile triunfal; pero su breve paso por los escenarios y el hecho de que no fuera repuesta en años sucesivos dan a pensar que al menos no alcanzó gran repercusión de público.

John Philip Kemble, de quien se conservan dos retratos caracterizado como Coriolano, uno de los mayores éxitos de su prestigiosa carrera, tomó la posta en 1789, pocos meses antes de la toma de la Bastilla. Una idealización heroica del protagonista, y su enfrentamiento con una plebe voluble, se prestaron inmediatamente al tono antirrepublicano que, a partir de aquellos hechos acaecidos en Francia, marcaría las representaciones durante un tiempo. La versión, que transcurría en la Roma imperial, repitió el título de la de Sheridan, *Coriolano, o La matrona romana*, a la que superó en el despliegue de la procesión triunfal. Mucho más Shakespeare fue devuelto al texto, aunque el último acto sigue a Thomson, con su escena que reúne la súplica y el asesinato. Con todo, las supresiones fueron cuantiosas: la batalla de Corioles, el duelo con Aufidio, bastante de Menenio y de las disputas políticas y los variados comentarios sobre el protagonista hechos por otros personajes. Kemble reiteró las puestas en escena hasta 1817, y luego las continuaron sus discípulos. A lo largo de casi todo el siglo XIX, el suyo fue el único texto disponible para la representación en el interior de Inglaterra y en Estados Unidos.

William Charles Macready lo tomó a su cargo en 1819, y otras quince veces durante las dos siguientes décadas. Al cabo, para 1838 y 1839, se atrevió a meter mano en el libreto: reincorporó más Shakespeare y restituyó la ubicación temporal en la época de la república romana primigenia. Acaso por influencia de la reciente reforma electoral de 1832, suerte de "nueva constitución" que había ampliado enormemente el número de los electores en Gran Bretaña, la plebe de la versión retocada dejó de ser una turba voluble. No obstante, el énfasis seguía estando en la nobleza del protagonista. A diferencia del imponente Kemble, que además para este papel calzaba unas sandalias con suela de cinco centímetros de alto, Macready no logró con Coriolano una de sus actuaciones descollantes.

En plena época de Macready, también el primer actor Edmund Kean hizo en 1820 su propia puesta sobre la base de un texto exclusivamente de Shakespeare, sin adiciones de Thomson. Si bien los cortes no escaseaban, eran menores que en los casos recién referidos. Uno de los pasajes recobrados fue la batalla de Corioles, y precisamente allí los comentaristas echaron de menos la imponencia física de Kemble, además de su sonora oratoria en el resto. Hasta Shakespeare recibió críticas, ya que un reseñador declaró su preferencia por la fusión con Thomson. El *Coriolano* de Kean llegó apenas a las cuatro funciones. Varias otras puestas en escena durante las décadas siguientes, no en Londres como las hasta aquí inventariadas (con excepción del comienzo de Sheridan en Dublín) sino en otras ciudades británicas y de Estados Unidos, acudieron a la versión de Kemble.

A los escenarios londinenses regresó entre 1848 y 1860 de la mano de Samuel Phelps, para desaparecer luego por el resto de la centuria. Como las escenografías que se empleaban entonces no podían ser cambiadas rápidamente, Phelps redujo el texto original a aproximadamente la mitad de su extensión, siguiendo en buena medida para los recortes el ejemplo de Kemble. La disputa política quedó prácticamente enmudecida por ambos lados.

En Stratford-upon-Avon, ciudad natal del autor, subió por primera vez al escenario en 1891 bajo la dirección de Frank Benson. Aunque el texto empleado fue el original, con cortes, la influencia de Kemble está presente en al menos dos aspectos: la magnificencia del desfile triunfal, y la fusión de las escenas de la súplica y el asesinato en una sola que transcurre en el campamento volsco. La actuación de Benson en el protagónico fue la primera en ser comparada favorablemente con la de Kemble. Entre 1901 y 1915, aquél volvió a desempeñar el mismo papel en Londres, con algún regreso a Stratford. En el último de esos años se le objetó que la turba fuese presentada en un estilo mucho más moderno y con mucha ingenuidad. Ya en 1919, tras el fin de la Primera Guerra Mundial, su puesta en Stratford finalizaba con el acuerdo de una "paz conveniente", tras las súplicas de Volumnia, en la tercera escena del acto quinto.

Dos meses después del debut londinense de Benson como Coriolano en 1901, había estrenado su propia puesta el primer actor Henry Irving. Como éste tenía ya sesenta y tres años y no gozaba de buena salud, eliminó todas las escenas de lucha. Aun así no consiguió el favor del público. Los detalles salientes fueron los cuatro caballos que tiraban del carro triunfal y, especialmente, la escenografía y el vestuario de Sir Lawrence Alma-Tadema, con impronta etrusca, como correspondía al período en que transcurre la acción (no muy posterior a la expulsión del último rey de Roma, de origen etrusco). Así, los materiales simulados eran ladrillos y madera, en lugar del mármol que pretendía Irving. También llamó la atención el innovador uso de la luz eléctrica por parte del escenógrafo, en particular en la figuración de un amanecer en Corioles.

A principios de la década de 1920, acaso por el auge de las simpatías fascistas en Inglaterra, hubo una sola puesta en escena, que duró apenas seis funciones. El clima de agitación social despertaba también el temor de una revolución bolchevique, y en ese contexto la dirigió en 1926 W. Bridges-Adams, en Stratford, donde la repitió en 1933, a poco de que Hitler fuese designado canciller alemán. Los cortes y reacomodamientos en el texto apuntaron a resaltar la soberbia del protagonista en desmedro de la cuestión política.

Por el contrario, en 1931 William Poel la dirigió en Londres con cierto acento en los visos de contemporaneidad. El vestuario correspondía al período del Directorio francés (1795-99), con el objetivo, según afirmaba el programa, de poner en evidencia el sempiterno espíritu militarista, aunque eliminando cualquier detalle que pudiese ofender al gobierno conservador o sentimentalizara la visión de la plebe. No obstante, el propio Poel declaró que el tema de la obra era el orgullo, no la política, y que todos los conflictos eran secundarios con respecto al sometimiento del protagonista ante su madre. En consonancia con su idea de que George Chapman había sido coautor del texto, lo recortó y reordenó vastamente; al final, tras ceder a la súplica de Volumnia, Coriolano regresa a Corioles y se oye su asesinato fuera de escena.

En una puesta de 1935 en Manchester, con vestuario de resonancias contemporáneas, Coriolano hacía el saludo fascista y lucía un uniforme de caballería mientras vivía en Roma, y el aspecto de Sicinio estaba trabajado para recordar el de Lenin. En 1938, bajo la dirección de Lewis Casson en la capital inglesa, la actuación protagónica de Laurence Olivier sentaría las bases de su fama como actor shakespeareano. El énfasis estaba puesto en la relación de Coriolano con su madre, y la escenografía evocaba vagamente una época primitiva.

Iden Payne siguió en Stratford, 1939, la tónica de Bridges-Adams de evitar las resonancias políticas actuales, y a tal fin se valió de un vestuario promocionado como fiel al original. De todas maneras, una reseña se ocupó de señalar connotaciones que el director había pretendido dejar de lado: comparaba a Sicinio con un agitador comunista y recordaba que en una reciente escenificación estadounidense Coriolano aparecía como un fascista y los volscos como soldados italianos de ese momento.

Las coyunturas políticas tuvieron también peculiar incidencia en la suerte escénica de *Coriolano* a lo ancho del continente Europeo desde las vísperas de la Primera Guerra hasta las de la Segunda. En Alemania, gozó por primera vez de popularidad, aunque ya había dado lugar a varias traducciones y adaptaciones, e incluso el tema contaba desde antes con una larga tradición local. En efecto, Hermann Kirchner le consagró una tragicomedia en 1599, esto es, con anterioridad al bardo; luego, a mediados del siglo XVIII, se tradujo al alemán la obra de Thomson, y sobre ella basó Heinrich Josef von Collin su *Coriolano* de 1804, que contó con la obertura compuesta por Beethoven. Pero lo cierto es que entre 1911 y 1930 la tragedia de Shakespeare superó las trescientas representaciones, de las cuales más de cincuenta tuvieron lugar sólo en 1919. En 1933 se puso en escena una reciente traducción de Hans Rothe, pero al formarse el gobierno nazi en 1934 él fue desterrado y en 1936 toda su obra prohibida. El nazismo fomentó el uso escolar de otras ediciones especialmente preparadas para ese fin; en ellas se proponía la equiparación de Coriolano con Hitler, según el argumento de que ambos deseaban conducir hacia la restauración a sus respectivos pueblos mal guiados. Luego, durante los primeros años posteriores a la Segunda Guerra, la obra fue incluida en la lista negra y no volvió a ser representada hasta 1953.

En Francia el tema también había tenido su propia tradición local, iniciada con el *Coriolano* de Alexandre Hardy, que se publicó en 1625 y tuvo epígonos. Aunque desde el siglo XIX había disponibles en francés varias ediciones de las obras completas de Shakespeare, fue una nueva traducción de *Coriolano* a cargo de René-Louis Piachaud la que en diciembre de 1933 montó Émile Fabre en la Comedia Francesa, con doscientos treinta y un actores en escena. En enero de 1934 estalló un escándalo financiero que complicó al Partido Radical Socialista en el gobierno, y la obra puesta en escena, considerada desde ese momento como un planteo reaccionario contra las instituciones democráticas, fue causa de disturbios entre fascistas y realistas que la aplaudían y defensores del gobierno que la abucheaban. El desorden desembocó en el cierre del teatro a comienzos de febrero, pero en marzo, tras la renuncia del ministro radical socialista Edouard Daladier, se reanudaron las funciones sin incidentes.

Mientras tanto, detrás de la cortina de hierro se representaban versiones que, con la ayuda de otros recortes, realzaban el autoritarismo de Coriolano y los méritos de la plebe. Así ocurrió en la Moscú soviética en 1934 y en Polonia al año siguiente.

A partir de la posguerra, predominó por bastante tiempo en Gran Bretaña, al igual que en Estados Unidos y Canadá, la visión más bien opuesta, con cierta tendencia al hincapié en el heroísmo del protagonista y en la tonta volubilidad de la plebe. Tal fue el tono de una producción londinense de 1948, que recibió especiales elogios por los sutiles matices con que Alec Guiness compuso a Menenio. En 1952 la dirigió Glen Byam Shaw en Stratford, con Anthony Quayle en el protagónico; su Coriolano era un soldado viril y hosco, con ocasionales toques de infantilismo y sin compromiso alguno tanto ante los plebeyos como ante los patricios; contribuían a mejorar su imagen la supresión de sus expresiones más objetables y la presentación grotesca de los tribunos y la plebe. Un enfoque similar tendría el retorno de Laurence Olivier a este papel en 1959, ahora bajo la dirección de Peter Hall, en Stratford. Dentro de un texto reducido en casi un veinticinco por ciento, la completa eliminación de la sesión del senado que trata el nombramiento del reciente héroe de Corioles como cónsul (segunda escena del acto segundo) colaboró para centrar la atención en torno a las relaciones personales. El Coriolano de Olivier dependía emotivamente de la madre casi hasta el punto de lo cómico; pero al mismo tiempo causó particular impresión con su antiguo sentido del honor en una escena del asesinato marcadamente violenta: subía velozmente por una escalera para vociferar su furia, arrojaba la espada, soltaba un desafío, se dejaba atravesar por una docena de lanzas y caía al vacío para quedar sostenido de los talones, colgando cabeza abajo, como en las fotos de Mussolini tras ser ejecutado.

El mundo comunista de la posguerra continuó con su tendencia anterior: Praga tuvo en 1959 un *Coriolano* en que el protagonista había traicionado a la plebe, Menenio era socarrón y repugnante y los tribunos honestos y sensatos. Pero el hecho estético más relevante e internacionalmente influyente fue la adaptación de Bertolt Brecht, quien ya en 1925 había participado en una puesta de la obra en Berlín. Cerca del fin de su vida, en 1951, el autor alemán comenzó a poner manos en la obra con el objetivo de romper con aquella tradición que en su país había celebrado monumentalmente a un héroe individual, y que lo había glorificado especialmente durante el nazismo. Su plebe no es entonces una masa voluble sino una reunión de individuos, y uno de ellos, el "hombre con hijo", que pensaba emigrar, decide quedarse en la nueva Roma más democrática. Los tribunos son decididamente honorables y asumen un verdadero liderazgo cuando instan a resistir la invasión externa. Los plebeyos conforman entonces una fuerza y Cominio y otros patricios se unen a ellos para la defensa de la ciudad. Aufidio no es más que un especialista en la guerra, al igual que Coriolano, cuya relación con su madre queda en segundo plano. Cuando ella va a pedirle que se retire, dice que la Roma que él pretende atacar es distinta de la que dejó, y que él ya no es más indispensable sino una mera amenaza mortal para todos. En una escena agregada al final, la familia del difunto solicita autorización para vestir ropas de duelo por diez meses —como según Plutarco era costumbre y les fue concedido—, pero la respuesta, y última palabra de la obra, es "Rechazado", y a continuación se acota que el senado prosigue con sus deliberaciones. A la muerte de Brecht en 1956, su adaptación se hallaba aún en estado de borrador. A partir de este trabajo, él había comenzado a advertir que muchos de los "efectos de alienación" que postulaba se hallaban ya en Shakespeare, y que tal vez podía escenificarse el texto original sin añadidos, o con muy pocos, si se lo dirigía adecuadamente. Una versión de su *Coriolano* fue dirigida por Heinrich Koch en Francfort, 1962. Pero la versión "oficial" fue la de Manfred Wekwerth y Joachim Tenschert, dos colaboradores del dramaturgo en el Berliner Ensemble de la entonces República Democrática Alemana, que revisaron la adaptación para llevarla a escena en 1964 en Berlín. Reincorporaron bastante texto del original, devolvieron su importancia a Volumnia y Aufidio y dieron un lugar central, en las escenas de combate, al valor de Coriolano, que al cabo termina resultando demasiado costoso para Roma. La versión salió de gira por Europa y se presentó en Londres en 1965. Su rítmica estilización de las batallas, al modo de una ópera china, reaparecería luego en muchas puestas inglesas de escenas bélicas de Shakespeare, pero ésa fue la única influencia que dejó aquel paso del Berliner Ensemble por la patria del autor. Unos años más tarde, en 1971, Wekwerth y Tenschert serían invitados a dirigir en Londres la pieza original según el estilo de Brecht. Anthony Hopkins desempeñó allí su primer papel protagónico en una obra del bardo. Los cortes en el texto y la aplicación de interpretaciones brechtianas no convencieron del todo.

En otros varios países comunistas siguió habiendo *Coriolanos* con esa orientación. En el que dirigió el rumano Dinu Cernescu en Bucarest, 1978, las vestimentas correspondían simbólicamente al carácter y el comportamiento de cada personaje, a la manera del teatro asiático. Durante 1979 hubo una puesta en Georgia, una en Armenia (ambas pasaron luego por Moscú, y la segunda también por Berlín y Weimar) y una en Checoslovaquia, donde habría otras dos en 1981 y 1984. Asimismo las hubo en Polonia, en 1982, y Hungría, en 1985.

Al otro lado del continente europeo se hizo sentir una orientación ideológica medianamente afín. El italiano Giorgio Strehler, quien había conocido personalmente a Brecht, tomó prestadas sus técnicas de "teatro épico" cuando en 1957 la dirigió en Milán, aunque no descuidó el conflicto interior del protagonista y el de éste con su madre. Hans Hollmann la tuvo a su cargo en Munich, 1971, y en Hamburgo, 1977; suprimió todo lo que pudiera favorecer una identificación positiva con Coriolano, y mediante la modernización de las escenas de batalla evocó las atrocidades de la Segunda Guerra. En 1983, Bernard Sobel la dirigió en el teatro de un barrio obrero emplazado en las afueras de París; aunque la traducción de Jean-Michel Déprats seguía de cerca al original, procuraba mediante la selección del vocabulario agudizar el antagonismo entre Coriolano y los plebeyos y la justicia en los reclamos de éstos; las silenciosas y danzísticas escenas de batalla resultaban poco bélicas y la escenografía evidenciaba el ambiente de crisis social.

Mientras tanto, las producciones en Gran Bretaña y América del Norte habían tendido a poner el peso en las relaciones personales por encima de las cuestiones políticas. Así lo hizo Michael Langham en la Stratford canadiense, en 1961, con Paul Scofield como protagonista, por más que, a imitación de Poel, haya ubicado la acción en la época del Directorio francés. Por su parte, la de Tyrone Guthrie en Nottingham, 1963, con vestuario en estilo imperial francés, fue la primera en explotar una veta que, a decir verdad, puede encontrarse levemente insinuada en el texto original, aunque sólo a ese nivel de sutil sugerencia velada y nunca desarrollada ni explicitada claramente: ciertos tintes de homosexualidad en la relación entre Coriolano y Aufidio. En efecto éste, cuando su archienemigo, recién desterrado, acude a su casa y se pone a su disposición, le responde: "... Déjame unir mis brazos / En torno de tu cuerpo... / ... / ... Abrazo / Al yunque de mi espada, y en verdad yo compito / De tan ardiente y noble manera con tu afecto / Como nunca jamás con ambiciosa fuerza / Me enfrenté a tu valor. Primero has de saber / Que amaba a la doncella que desposé; no hubo hombre / Más fiel en los suspiros; pero al verte a ti aquí, / Noble ser, danza más mi corazón en éxtasis / Que la primera vez que a mi dueña y esposa / Vi cruzando mi umbral... / ... / ... / ... Tú me has batido ya / Doce veces, y yo noche a noche he soñado / Desde entonces encuentros entre nosotros dos; / Hemos estado juntos pies en tierra en mi sueño / Desabrochando cascos, apretando gargantas, / Y desperté sin nada, semimuerto." No sólo en esta escena –quinta del acto cuarto– sino ya en la del duelo personal entre ellos –octava del acto primero– hizo evidente Guthrie un matiz homosexual, coronado en el final cuando Aufidio, tras matar a Coriolano, le apoya un pie sobre la ingle, para arrojarse luego sobre el cadáver con un largo gemido. Aunque de un modo más discreto, apuntaron hacia el mismo lado varias puestas subsiguientes. En la de 1967 en Stratford, a cargo de John Barton, protagonista y antagonista eran ambos distintivamente rubios y usaban armaduras idénticas. Allí mismo, en 1977, bajo la dirección de Terry Hands, se repitió la identidad de armaduras y el duelo se transformó en una especie de danza de apareamiento. Algo semejante hizo Brian Bedford con su puesta de 1981 en la Stratford de Ontario, Canadá, quien por lo demás suprimió expresiones que pudieran prestarse a una interpretación en términos de lucha de clases.

En 1972, bajo la dirección de Trevor Nunn y Buzz Goodbody y con el texto casi completo, *Coriolano* abrió en la Stratford inglesa, ciudad natal del autor, una temporada dedicada a sus cuatro tragedias romanas. El conflicto de clases dentro de Roma quedaba oscurecido por la lucha entre dos civilizaciones, la romana y la más primitiva volsca, cuyos hombres aparecían vestidos como antiguos aztecas. Dentro de un tono general épico, la relación central de Coriolano era con Aufidio, y los combates cuerpo a cuerpo tenían toques de ballet en cámara lenta bajo luces estroboscópicas.

La puesta en escena más aclamada de los años setenta fue la que estuvo a cargo de Terry Hands. Se estrenó en Stratford-upon-Avon en 1977, continuó con una gira por Europa y retornó a Londres en 1978. La sobria escenografía negra, con bastidores que hacían las veces ya de muros ya de puertas, tenía un aire ahistórico. También era negra la mayor parte del vestuario, de cuero tachonado en el caso de Coriolano y Aufidio, aunque en el final el de aquél cambiaba por rojo sangre. En tal contexto de esencialidad teatral, abstracta y apolítica, el protagonista, encarnado por Alan Howard, vivía aislado en su sueño heroico de ser un superhombre. El distanciamiento incluso respecto a sus partidarios patricios se notaba cuando sus hazañas eran referidas por Cominio ante el senado, no en un tono de panegírico, sino de asombro por su temeridad y extravagancia. Como este Coriolano no era un "hijo de mamá", sino siempre un hombre fuerte, no cedía a las súplicas de ella por una causa emotiva sino por su propia decisión de ahorrarle el problema a Roma, igual que luego decide ensartarse en la espada de Aufidio.

La década del ochenta trajo apuestas más experimentales. En Nottingham, 1983, la acción estaba emplazada en las vísperas de la guerra civil inglesa en que caería derrocada temporariamente la monarquía, con los patricios caracterizados como realistas, los tribunos como puritanos y los volscos como escoceses, mientras la intransigencia de Coriolano evocaba la del rey Carlos I. Peter Hall, en Londres, 1984, empleó una escenografía más bien atemporal –un círculo de arena con puertas vagamente clásicas al fondo– y un vestuario que mezclaba lo romano y lo moderno. Público sentado en el escenario era invitado a participar en las turbas plebeyas, con lo cual éstas perdían todo aspecto amenazante. El objetivo era promover un paralelo con las divisiones políticas y el patriorerismo militar imperantes bajo el gobierno de Margaret Thatcher. Más efectiva resultó la presentación de los conflictos personales, especialmente entre Coriolano y Volumnia, quienes fueron interpretados por Ian McKellen e Irene Worth. También Jane Howell empleó una arena circular, en Londres, 1989, sólo que rodeada por una malla de acero sobre la que descendía una parrilla de rejas para las escenas bélicas, actuadas con música de rock y confites rojos a modo de sangre, y para la del asesinato.

Algunas producciones estadounidenses de ese entonces apelaron también a paralelismos políticos más o menos actuales. En una de 1980, dirigida por Eric Forsythe en la Villanova University, los patricios eran camisas marrones nazis de la década del treinta, los plebeyos obreros izquierdistas y Coriolano un joven boxeador. En una de 1988, dirigida por John Hirsch en San Diego, la acción transcurría en Washington y Nicaragua y Coriolano lucía como un oficial de *marines* cubierto de condecoraciones; para hacer aún más patente la conexión con un conflicto de la época, sendas pantallas de vídeo a ambos lados del proscenio exhibían imágenes de las batallas, filmadas por equipos de noticias televisivas presentes en escena, con formato de propaganda de las victorias de Coriolano. En Washington, 1991, bajo la dirección de William Gaskill, el protagonista llevaba un uniforme estadounidense camuflado para el desierto y los soldados volscos semejaban guerrilleros palestinos, en alusión a la entonces reciente Guerra del Golfo; pero causó desconcierto que las armas empleadas con tales atavíos fuesen espadas, y que el resto del vestuario incluyera chaquetas y turbantes de la India y togas romanas.

La puesta de Matthew Warchus en Glasgow, 1990, trasladada a Londres al año siguiente, no escapó a las conexiones contemporáneas, aunque de un modo un poco menos flagrante. La escenografía era un inmenso pavimento blanco con barreras para contener a los manifestantes. La plebe combinaba la individualización de sus integrantes con impactantes coreografías grupales. Entre las varias canciones modernas que apuntaban a la actualidad, se destacó, a la entrada triunfal de Coriolano, "Tierra de esperanza y gloria", que evocaba la Guerra de Malvinas. La interdependencia entre los conflictos privados y los públicos quedaba resaltada cuando la doméstica tercera escena del acto primero, en la que significativamente Virgilia se ocupaba en coserle un brazo arrancado a una muñeca, era interrumpida por las escenas bélicas en torno a Corioles. Entre otros cruces de género en los papeles, el de Aufidio era interpretado por una mujer. También en 1990, la dirigió Michael Bogdanov en Stratford, con vestuario moderno e influencia brechtiana. La escenificación remedaba el bloque comunista de Europa oriental en vías de derrumbamiento, con una plebe que portaba banderas del sindicato polaco Solidaridad.

La tendencia que en el mundo de habla inglesa se dio en llamar de "directores de alto concepto" ("mucho más interesados en la altura de su propio concepto que en el texto de la obra", según Harold Bloom) tuvo en el caso de *Coriolano* dos representantes paradigmáticos. Uno de ellos, el actor, director y dramaturgo Steven Berkoff, la dirigió tres veces, con texto recortado y reordenado. En 1988 fue la primera, en Nueva York, con Christopher Walken en el protagónico y vestuario y música actuales. Nueve extras, sincronizados como un coro, hacían las veces sucesivamente de grupos de plebeyos, senadores y soldados romanos y volscos. En un mundo de brutalidad masculina, Coriolano enfrentaba solo a los plebeyos y los echaba a trompadas en la primera escena del acto tercero. En la imagen final, el sobre que contenía el tratado de paz, rechazado, era devuelto al portafolio en que había venido. La vez siguiente fue en Munich, 1991, con traducción alemana de Dorothea Tieck. La tercera, de 1996, en Londres, tuvo al propio Berkoff como intérprete del papel protagónico. Según una reseña aparecida en *The Times*, la estilizada y cinematográfica atención a lo visual aplanó la sutileza política de la obra.

El otro caso fue el de Robert Lepage, cuya adaptación, con sólo diez actores, se paseó entre 1992 y 1993 por París, Montreal, Edimburgo y Nottingham. La acción se veía, como si fuese en una pantalla, a través de un marco de aproximadamente un metro veinte por cinco, que dejaba fuera piernas o cabezas de los actores. Transcurría en bares y restaurantes, y en un estudio de radio en ocasión de los discursos públicos. Las escenas bélicas eran representadas por marionetas manipuladas a la vista, excepto el combate singular entre Coriolano y Aufidio, cuyos cuerpos desnudos en pugna se observaban a través del reflejo en un espejo inclinado, de modo que parecían suspendidos en el aire.

Con la intención de rescatar la exploración que hace Shakespeare de la vida política de una comunidad, y poner de manifiesto la tragedia de Roma tanto como la de Coriolano, Tim Supple incluyó en Chichester, 1992, a más de cincuenta habitantes del lugar para representar a las muchedumbres. Por su parte Deborah Warner optó para dirigirla por dos formas bastante contrarias. En 1986 hizo en Londres una puesta en escena minimalista, con vestuario atemporal, vagamente asiático, y sólo doce actores que, en los momentos en que no actuaban, permanecían arrodillados alrededor del escenario. Los pasajes con muchedumbres eran figurados con el apoyo de efectos sonoros como gritos, percusión con cajas y palmadas en los muslos, y las batallas y el asesinato final estaban representados mediante pantomimas. El papel protagónico estuvo a cargo de Douglas Hodge. En 1993 Warner hizo en cambio en Salzburgo una realización a gran escala, con un escenario inmenso y un elenco de treinta y ocho actores y doscientos extras, que en las impactantes escenas bélicas escalaban murallas y se tajeaban unos a otros. El Coriolano de Bruno Ganz estaba tan obsesionado con la pureza e integridad de su propio punto de vista, que de allí derivaba su desprecio por la muchedumbre y no de la arrogancia.

En 1994 David Thacker, con una puesta que comenzó en Stratford y pasó luego a Londres, volvió a ubicar la acción, como Poel y Langham, en tiempos del Directorio francés. Al fondo de un escenario vacío, se veía una pared resquebrajada con un inmenso boceto inacabado de *La Libertad guiando al pueblo*, de Delacroix, y balcones de los que pendían banderas manchadas de sangre y ya andrajosas con inscripciones que proclamaban los ideales de 1789. Thacker devolvió todo su peso a los debates políticos del acto tercero, generalmente recortados para hacer más presentable a Coriolano o simplemente para avanzar más rápido hacia el destierro y la venganza. Singularmente digna de destacar resultó la asignación del protagónico a un actor de veinticuatro años, Toby Stephens –además intencionalmente caracterizado para remedar a Napoleón–, lo cual otorgaba particular verosimilitud a su fanfarronería guerrera y a su ingenuidad política, y una gran carga dramática al despectivo "niño" que le espeta en la última escena Aufidio, caracterizado aquí por contraposición como un hombre maduro, calmo y con pleno manejo de los resortes de la política. Muy bien acogido fue el Menenio de Philip Voss, guía poco sensato cuya chochera por ese "hijo" rebelde volvía especialmente conmovedor el momento en que resultaba rechazado. Al final, cuando Aufidio pedía ayuda para cargar con el cadáver, todos se iban, él trataba de levantarlo solo y caía hacia atrás, de manera tal que quedaba con Coriolano en brazos como en una imagen de la piedad. Su desolación, junto con la que paralelamente había demostrado en la escena anterior Volumnia a su regreso tras prevalecer en la súplica, focalizaba el interés en los conflictos íntimos: era el difunto quien había dado sentido a la vida de estos dos agentes de su muerte, mientras que a los ciudadanos comunes les eran irrelevantes las cuestiones patricias del honor y las maniobras políticas que habían conducido a semejante desastre.

No deja de llamar la atención que esta tragedia se haya prestado a interpretaciones y tratamientos ideológicamente tan diversos y aun divergentes. La difundida idea de que es *la* "pieza política" de Shakespeare parece haber sido y seguir siendo determinante a la hora de montarla sobre un escenario. Incluso por omisión: cuando se desplaza el énfasis hacia lo íntimo, se lo hace generalmente con la intención de contradecir o evitar la visión opuesta. Y lo cierto es que el eje de la obra está precisamente en el sopesado conflicto entre los conflictos públicos y los privados; debilitar o desconocer unos u otros implica descompensar el diseño trazado por el autor, ceñir a canales rectificados los meandros del alma humana puestos en drama por él. Tales obras de ingeniería pueden simplificar la vida del hombre cuando se aplican al medio ambiente, pero también simplifican la compleja belleza natural. Algo semejante a esto último es lo que ocurre cuando se aplican al arte.

Shakespeare es una encarnación dramatúrgica de Proteo: capaz de transformarse en los seres más diversos y aun contradictorios entre sí. Si él prefería a uno u otro de sus personajes, si sus opiniones personales coincidían más o menos con las de éste o aquél, eso es algo que jamás sabremos, porque de sus textos, el único testimonio concreto que conservamos, no surge con ninguna claridad. La ingeniería teatral puede hacer de Coriolano un fascista recalcitrante o un guerrero heroico, pero el Coriolano de Shakespeare tiene algo de esas dos cosas al mismo tiempo y varias más, y todas con matices. Al punto de que ciertos avatares de su destino difícilmente dejen de conmover en lo íntimo incluso a quien más acérrimamente lo deteste desde la ideología. La plebe, por su parte, vive un problema real, la escasez de alimento, y puede tener sus razones para no dar la vida por el ideal bélico patricio; hay incluso dentro de ella individuos que analizan las situaciones y emiten opiniones diferentes; pero en los momentos críticos es fácil de influir, y los tribunos, aunque la defienden, también la manipulan para defender mezquinamente sus propios espacios de poder más allá del interés general. Volcar completamente a unos u otros hacia un único sentido, positivo o negativo, es otra simplificación de meandros.

Y sin embargo, las complejidades interiores del protagonista son opacas, casi impenetrables. Sólo el de *Timón de Atenas* lo equipara o supera en la falta de conciencia de sí mismo, en la monocromía de su alma visible o invisibilidad de las profundidades de su alma a través de la acción. Poco y nada revela de su interioridad en sus palabras, y las únicas dudas se le presentan cuando sus inquebrantables convicciones son llevadas al límite de tener que transigir con la realidad: ante la plebe liderada por los tribunos, para ser elegido cónsul o no ser desterrado, casos ambos en que no transige y por lo tanto es vencido, y ante su madre como suplicante por Roma, caso en el que transige y de eso deriva su muerte.

Con todo, su rigidez da también pie a la explotación de un recurso de teatralidad frecuentísimo en Shakespeare: el teatro dentro del teatro. La imagen más concentradamente compleja en ese sentido dentro de esta obra la construye el propio Coriolano en el momento en que cede a los ruegos de su madre en favor de Roma: "Observad, se abre el cielo, los dioses / Miran abajo y ríen de esta escena contraria / A la naturaleza". Los dioses contemplan una escena del teatro del mundo que a su vez está siendo representada en un teatro. Pero, además de otros numerosos juegos puntuales de este tipo, los más extendidos van de la mano de la arrogante rigidez. Cuando debe solicitar humildemente los votos de la plebe, al ruego instructivo del paternal Menenio responde: "Pero ése es un papel / Que me va a dar vergüenza representar..." (segunda escena del acto segundo). Y de hecho, la arrogancia lo lleva a representar muy mal en la escena siguiente ese papel de humilde. Luego, cuando debe presentarse a juicio, Volumnia pretende transformarse en su directora teatral y le indica cómo tiene que actuar; él, no sin resistirse, termina aceptando (segunda escena del acto tercero). Pero, en la escena siguiente, los tribunos demuestran tener la astucia necesaria para hacerlo salirse del papel que lo avergüenza.

Por otra parte, la ausencia de autorreflexión en el héroe confluye aquí con un procedimiento ya empleado en torno al protagonista masculino de *Antonio y Cleopatra*: otros hacen acerca de él comentarios descriptivos, a menudo contradictorios entre sí. De hecho, gracias a esos comentarios sabemos más de la vida de Coriolano previa al presente de la acción que de ningún otro personaje del bardo. Lo cual abre las puertas a interpretaciones psicológicas, nunca tan facilitadas en su obra dramática, en torno a la idea de una madre dominante que educó al hijo para héroe máximo, en tiempos en que los aristócratas eran los más destacados en la guerra, pero finalmente lo desplaza para quedar ella en el papel de máxima heroína, en la paz de Roma que significa para él la nulidad guerrera.

El conflicto axial y la inscripción en él del protagonista (conflicto de conflictos) están claramente delineados desde el comienzo mismo. La nota distintiva es que el problema político no se plantea aquí entre facciones de aristócratas, como en las otras obras romanas o en las históricas de Shakespeare, sino entre la nobleza y la plebe. Dentro de ese conflicto político general, Coriolano representa la posición aristocrática más extrema e inflexible. Y en esa inflexibilidad política, hermana de su arrogante rigidez, radica el germen de su tragedia; allí está la clave de su incapacidad de sobrevivir en el único contexto que hace posible su existencia, sea entre los romanos o entre los volscos. En *Antonio y Cleopatra* hay una tragedia doble, la de los dos protagonistas. Hay también un choque entre conflictos privados, los avatares amorosos de esa pareja, y públicos, la lucha por el poder romano. Lo trágico en *Coriolano* presenta igualmente facetas múltiples, con simultánea incidencia pública y privada: la tragedia del protagonista, que en cierta medida antitrágicamente da inicio a su propio fin, no por su inflexibilidad, sino por su único acto de flexibilidad; la tragedia de Roma, según algunos han postulado, esa patria que cava su propio abismo por ciega incapacidad de mantener en el lugar que merece a su mejor soldado, pero es él y no la ciudad quien acaba en la destrucción; la tragedia de Volumnia, que salva a su patria con la paz a cambio de condenar a su hijo guerrero, en quien descansaban todas sus esperanzas de trascendencia familiar heroica; la tragedia de Aufidio, que, ya no indirectamente como Volumnia, orquesta y participa de la eliminación de quien daba sentido a su vida. Evidentemente, en todos estos casos pueden plantearse objeciones al encuadramiento trágico. Y es que el dramaturgo experimentaba más que nunca con los límites de este género mientras se encaminaba hacia otro, el de los dramas de aventuras (*romances*) con que cerraría su extraordinario ciclo creativo. Efectivamente, la "inhumanidad" de Coriolano, patentizada por recurrentes comparaciones con dioses y semidioses, y especialmente el máximo ejemplo de esto llevado a la acción, su victoria, completamente solo, contra la entera ciudad de Corioles (en lo que Shakespeare se distancia de Plutarco, aunque podría estar siguiendo a Tito Livio), hacen de él más un héroe de libros de caballería medievales (*romances*) que de una tragedia. La única nota realista a este respecto la da su escasamente parlante esposa Virgilia, la sola persona en toda la obra que piensa en él como en un ser humano, particularmente cuando, estando él en la guerra, expresa deseos de que no caiga en manos de Aufidio ni sea herido (tercera escena del acto primero).

En cuanto a la postura ética de Cayo Marcio Coriolano, tan esencial para él, sólo nos es conocida sin embargo a través de sus manifestaciones negativas, esto es, por todo aquello contra lo que despotrica "inhumanamente". Arremete contra la entrega gratuita de granos a la plebe porque eso implica dar sin que se haya hecho nada a cambio, pero sobre todo por lo mismo por lo que está en desacuerdo con que se haya instituido el tribunado, porque implica ceder poder a quienes desviarán el buen gobierno (aristocrático) hacia el caos. Los únicos sentimientos que afloran en esta máquina patricia de guerrear son su entusiasmo bélico ligado al sentido del honor y el desprecio por los plebeyos, como guerreros y como fuerza política. Poco y nada sabemos de su vida privada, nunca lo veremos a solas con su mujer. No es muy distinta la madre; cuando su entusiasmo bélico heroico cede paso al ruego por la paz, tampoco demuestra tener mayor conciencia de lo que su éxito presupone para el destino del hijo, y por ende para los sueños que ella abrigaba desde que lo había tenido.

Sólo T. S. Eliot, educado por su madre para máximo héroe de las letras, se atrevió –en uno de los primeros ensayos con que se presentaba ante el público inglés– a llegar al extremo de afirmar que esta pieza, junto con *Antonio y Cleopatra*, es el más seguro éxito artístico de su autor (el ensayo estaba dedicado a atacar *Hamlet*). Con todo, no le han faltado admiradores célebres. El cáustico George Bernard Shaw, quien tantos dardos disparó contra el monumental bardo, la saludó, con la arbitrariedad que afectaba, como su mejor "comedia". Coleridge y Swinburne, entre otros, la encontraron de particular interés.

Es sin duda una obra extraña, austera, "seca como un hueso", al decir de Jan Kott. No hay en ella brujas, espíritus, tempestades, bufones, enamorados, soliloquios de la conciencia, grandes piezas oratorias ni versos dignos de ser citados fuera de contexto como poesía, esos elementos que suelen fomentar la adhesión a otras de sus obras. Como en *Antonio y Cleopatra*, aunque con muchos menos atractivos en el asunto, el texto se ciñe estrictamente a los requerimientos de la acción. Como en *Timón de Atenas*, Shakespeare experimenta aquí con un protagonista que tiene grandes aptitudes para resultar desagradable, y consigue que, aun a pesar de sí mismo, no lo sea del todo. A diferencia del Bruto de *Julio César*, otro educado en la *virtus* ("virtud") romana que, en su caso, es capaz de arriesgarlo todo por el bien de la patria y por esa causa da la vida, Coriolano es capaz de marchar contra su propia patria porque su honor personal ha sido ultrajado, y, si bien finalmente no la ataca y por eso pierde la vida, su cambio de rumbo no está motivado por una convicción patriótica. El patriotismo de Coriolano se acaba en el punto en que deja de coincidir con su arrogante sentido del honor personal.

El trabajo de transmutación de una narración histórica en una obra teatral es notable. Sólo en unos pocos pasajes, que Shakespeare aprovecha al máximo, estaba servido el drama en Plutarco. Éste no desarrolla mayormente ningún "personaje" fuera del biografiado. El dramaturgo lo hace entonces a partir de los pocos trazos que se le brindan. Menenio, que sólo aparecía durante un episodio cercano al inicio, se convierte en paternal viejo amigo y partidario hasta el final. Aufidio, que sólo intervenía a partir del exilio del protagonista, pasa a ser su antagonista desde el comienzo. Volumnia, quien, hasta la decisiva participación en la súplica, sólo era mencionada en la fuente por haber criado al hijo huérfano de padre, haber influido en su matrimonio y ser la motivación de sus afanes de gloria, manifiesta todas esas pinceladas con imponentes presentaciones en escena. Las otras dos mujeres, Virgilia y Valeria, que apenas hacían su aparición en torno a la embajada suplicante, pasan a acompañar a Volumnia desde una escena doméstica a poco de comenzada la obra. Igualmente ganan en extensión e intención los papeles de los tribunos, y además en relación con una plebe que no es ya sólo una masa genérica sino un compuesto en el que por momentos se destacan individuos diferenciados. Varias escenas, especialmente algunas de las completamente inventadas, diseñan simetrías y paralelos internos, semejanzas y contrastes a lo largo del conjunto. Escenas y pasajes inventados, sin dejar de contribuir al avance de la acción, suelen aportar fluidez a la noción del paso del tiempo entre acontecimientos principales. Los hechos ocurridos fuera de escena llegan siempre como noticia en situaciones diseñadas para aumentar su impacto e incidencia. No menos significativas son las omisiones y condensaciones respecto de la fuente. Desaparece todo aquello que sirve a la narración pero no al drama. Un episodio que se reitera, la doble rebelión popular, es unificado. Un hecho central como la hazaña de Corioles es puesto en relación directa e inmediata con la postulación al consulado. El proceso eleccionario que desemboca en destierro, lleno de avatares menores y extendido en el tiempo, se condensa en acción continua y breve. El resultado es una estructura dramática equilibrada, ceñida y sostenida de principio a fin. Cada tanto aliviada en su gravedad, como las otras tragedias y los filotrágicos dramas históricos, por pasajes cómicos. Una omisión de peculiar interés es la que se observa al final, si bien es entendible desde el punto de vista dramático porque da cuenta de hechos posteriores: poco después del asesinato de Coriolano, los volscos fueron vencidos definitivamente por los romanos en una batalla en la que además perdió la vida Tulo Aufidio. En el relato histórico, Roma sigue siendo Roma, con poder en aumento, aun sin su superhombre; Shakespeare no quiso desmerecerlo (humanizarlo) tanto.

La traducción de una pieza teatral no puede pasar por alto ni por un instante que el original fue concebido para ser dicho sobre un escenario. Con todo, la edición en forma de libro plantea igualmente ciertas consideraciones adicionales que le son específicas. Shakespeare escribió entre fines del siglo XVI y principios del XVII, y su idioma no es exactamente el mismo que se habla o escribe en Inglaterra cinco siglos después. Difícilmente una puesta en escena inglesa deje hoy de hacer al menos algunos cortes o leves modificaciones para evitar problemas de comprensión en la inmediatez de la representación, aunque buena parte del público conozca de antemano la obra que está viendo y oyendo. Las ediciones, en cambio, deben obviamente respetar a rajatabla el texto considerado como original (en este caso, el de la primera edición en folio), más allá de que le modernicen la ortografía o la puntuación o le enmienden errores de imprenta. Solucionan entonces esos probables escollos a la lectura con notas explicativas sobre el significado de palabras, expresiones o giros caídos en desuso o que requieren ciertos datos contextuales para ser comprendidos. Las mejores añaden también profusas notas sobre aspectos relativos a las enmiendas, a las fuentes, a hechos más o menos contemporáneos a la composición que podrían haber tenido alguna incidencia en ella, a conexiones internas con otros pasajes de la misma obra o con otros escritos del mismo autor, a posibles interpretaciones de frases o expresiones o imágenes complejas, a posibilidades o dificultades para la puesta en escena. La traducción que aquí se acompaña está concebida, pues, en torno a la idea de que debiera servir para la representación sin necesidad de introducirle modificaciones o con la menor cantidad posible de ellas, pero no corresponde hacer esas eventuales modificaciones antes de que el lector actual en castellano pueda pasar por una experiencia lo más cercana posible a la de su contemporáneo inglés frente al original. Traducir no es explicar ni facilitar; para eso están las notas, que el lector puede leer o no según sus gustos o inquietudes.

Shakespeare, a la usanza isabelina, componía predominantemente en pentámetros yámbicos, versos con una base de diez sílabas acentuadas en las pares. Con el tiempo fue permitiéndose, cada vez más, libertades como versos yámbicos más breves o más largos, variantes que incrementan en una que otra sílaba el pentámetro y encabalgamientos bruscos que llegan a separar una preposición de su término, un artículo del sustantivo al que se adscribe o el verbo auxiliar del principal. Por otro lado, empleaba la prosa para pasajes cómicos o más informales. De manera que el verso de metro básicamente fijo no es en su teatro un ornato, sino un procedimiento intrínseco con evidente finalidad dramática, al igual que las esporádicas rimas. El metro castellano que a primera vista parece más próximo al pentámetro yámbico inglés es el endecasílabo, muy común en el teatro español de la misma época. Pero, llevado al papel, el habitual aumento de sílabas que se produce al pasar de una lengua a otra obliga a resumir, o bien a agregar versos, lo cual suele desdibujar unidades de sentido e intencionalidades de los cortes. Esta traducción recurre entonces al alejandrino –que absorbe naturalmente el incremento silábico– con cierto margen de libertad en las cesuras y cortes versales. Los versos más breves, cuando alcanzan tal extensión, están vertidos en heptasílabos o endecasílabos, y los más largos en la sumatoria de un endecasílabo más un heptasílabo o viceversa. Las rimas, bastante escasas en esta obra, están recreadas cada vez que las hay en el original y evitadas en el resto.

Las formas de dirigirse a la segunda persona del singular varían en Shakespeare entre el trato de confianza y el de respeto. Para el primero los personajes emplean el *thou* y sus declinaciones (*thee*, *thy*, *thine*), hoy arcaísmo; para el segundo, el *you* y sus declinaciones (*you*, *your*, *yours*), hoy única forma de uso cotidiano. Tampoco en este caso las diferencias son accidentales o caprichosas. A menudo, por ejemplo, quienes intercambian habitualmente con el trato de respeto pasan de pronto, incluso dentro de la misma frase, al de confianza para expresar afecto o desprecio. La traducción remeda tales formas con las declinaciones del "tú" y del "vos" arcaico (como en "vos sabéis").

Los nombres latinos de personas y lugares, que en inglés se mantienen usualmente sin cambios, fueron trasladados a las formas castellanas correspondientes, salvo en el caso de Corioles, en que se sigue este "galicismo" proveniente de Amyot vía North. Tal vez sea de interés recordar que "Marcio" significa, según su etimología latina, "de Marte", dios romano de la guerra, lo cual resulta muy apropiado al endiosamiento del protagonista.

Los textos encerrados entre barras –en las acotaciones escénicas, encabezamientos de parlamentos y un verso completo en un único caso– son agregados o enmiendas a la primera edición en folio hechas por editores subsiguientes. Las citas incluidas en esta introducción y en las notas al pie fueron traducidas a ese fin, con excepción de las provenientes de la Biblia, tomadas de la *Biblia de Jerusalén*. Los títulos también aparecen traducidos *ad hoc* para comodidad del lector. Las ediciones tomadas como base fueron, en ese orden de prioridad, la de Lee Bliss (New Cambridge, 2000), la de Philip Brockbank (New Arden, 1976), la de C. F. Tucker Brooke (Yale, 1924) y la de John Jowett (incluida en la de las obras completas a cargo de Stanley Wells y Gary Taylor, Oxford, 1986).

María Eugenia Bestani leyó los borradores de este trabajo y contribuyó a mejorarlo. Carlos Alberto Ronchi March, Jorgelina Vittori, Nicolás Gelormini y Roberto García respondieron consultas o aportaron materiales. Este merecido reconocimiento a sus aportes y su generosidad no les transmite, por supuesto, ninguna responsabilidad por los resultados.

Pablo Ingberg

Coriolano

Personajes

Cayo Marcio, luego
Cayo Marcio Coriolano,
Menenio Agripa, amigo de Coriolano,
Tito Larcio, general,
Cominio, cónsul y comandante del ejército,
Volumnia, madre de Coriolano,
Virgilia, esposa de Coriolano,
Joven Marcio, hijo de Coriolano,
Valeria, dama amiga de la familia de Coriolano,
Dama, al servicio de Volumnia y Valeria,
Senadores, Nobles,
(patricios romanos)

Sicinio Veluto, Junio Bruto,
tribunos de la plebe
Ciudadanos, Soldados
(plebeyos romanos)

Tulo Aufidio, general,
Lugarteniente de Aufidio,
Tres **Sirvientes** de Aufidio,
Conspiradores junto con Aufidio,

Dos senadores,
Señores,
Soldados y guardias,
Ciudadanos,
Adrián, un espía
(volscos)

Nicanor, *un traidor romano*
Ediles *romanos*
Dos **oficiales** *en el Capitolio romano*
Heraldo *romano*
Lugarteniente *de Tito Larcio*
Mensajeros

Portero; tamborilero, trompetista, guía y capitanes romanos; lictores; acompañantes de las damas romanas y de Aufidio.

ACTO I

ESCENA I

[*Roma.*]

(*Entra una compañía de ciudadanos amotinados con clavas, garrotes y otras armas.*)

Primer ciudadano:
Antes que procedamos más lejos, escuchadme.

Todos:[1]
Hablad, hablad.

Primer ciudadano:
¿Estáis todos resueltos a morir antes que a desfallecer de hambre?[2]

---

[1] Aquí, como en casos similares a lo largo de la obra, no necesariamente hablan todos a coro, sino que el texto se reparte entre distintos miembros del grupo.

[2] En el interior de Inglaterra, tras una recurrente escasez de granos durante la década de 1590, hubo en 1607 una serie de insurrecciones agrarias a raíz del cierre de campos, hasta entonces abiertos a pequeñas explotaciones, para dedicarlos a la cría extensiva de ganado ovino; la consiguiente pérdida de puestos de trabajo y el temor a que se renovara la escasez de granos fomentaron en los rebeldes expresiones como las que manifiesta aquí este ciudadano.

Todos:
Estamos resueltos, estamos resueltos.

Primer ciudadano:
Primero, sabéis que Cayo Marcio es el principal enemigo del pueblo.[3]

Todos:
Sabemos, sabemos.

Primer ciudadano:
Matémoslo y tendremos grano a nuestro propio precio. ¿Es un veredicto?[4]

Todos:
No hablemos más, hagámoslo. ¡Adelante, adelante!

Segundo ciudadano:
Una palabra, buenos ciudadanos.

Primer ciudadano:
A nosotros se nos tiene por pobres ciudadanos, los buenos son los patricios.[5] Lo que le sobra a la autoridad nos aliviaría.[6] Si nos entregaran nomás lo que les

---

[3] "Pueblo" (*people*): la plebe.

[4] "Veredicto": *verdict*, del latín *vere dictum*, "dicho con verdad"; además de dar una "nota de color" lingüístico romano, el término se suma a otros de uso judicial ya empleados por este personaje (*proceed*, "procedamos", y *resolved*, "resueltos"), los cuales contrastan con la violencia de sus propuestas.

[5] "Patricios" (*patricians*): la nobleza o aristocracia romana.

[6] "Autoridad" (*authority*): metonimia por "los que detentan la autoridad", esto es, los patricios.

es innecesario, mientras estuviera saludable, podríamos suponer que nos alivian humanamente; pero ellos piensan que somos demasiado caros: la flacura que nos aflige, el espectáculo de nuestra miseria, es un inventario que detalla la abundancia de ellos; nuestro sufrimiento es para ellos una ganancia. Venguémonos de eso con nuestras picas, antes que nos pongamos raquíticos; porque los dioses saben que digo esto por hambre de pan, no por sed de venganza.

Segundo ciudadano:
¿Queréis proceder especialmente contra Cayo Marcio?

Todos:
Contra él primero; es un verdadero perro con el pueblo común.

Segundo ciudadano:
¿Tenéis en cuenta los servicios que ha prestado a su patria?

Primer ciudadano:
Por supuesto; y estaría contento de darle un buen testimonio de eso, pero él se paga solo con su propio orgullo.

Segundo ciudadano:[7]
No, pero no habléis con malevolencia.

---

[7] Enmienda de E. Malone, sobre la base de que es éste el personaje que ha estado defendiendo a Marcio; en la primera edición en folio, "Todos".

Primer ciudadano:
Os digo que lo que él ha hecho gloriosamente lo hizo con ese fin; aunque los flojos de conciencia puedan contentarse con decir que fue por la patria, él lo hizo para complacer a la madre y en parte para estar orgulloso; y lo está, incluso hasta la altura de su virtud.[8]

Segundo ciudadano:
Lo que no puede evitar en su naturaleza lo consideráis en él un vicio. No debéis decir de ningún modo que sea codicioso.

Primer ciudadano:
Si no debo, no necesariamente van a faltarme acusaciones: tiene fallas de sobra, como para que uno se canse de la enumeración.

(*Gritos dentro.*)

¿Qué son esos gritos? El otro lado de la ciudad se ha

---

[8] "Para complacer a su madre": según Plutarco, mientras para otros la principal finalidad del valor era la gloria, para Marcio la principal finalidad de la gloria era darle satisfacción a su madre. "Virtud" (*virtue*): del latín *virtus*, cuyo sentido originario es "cualidades típicas de un verdadero varón -*vir*-", y en particular la valentía militar; ésta, afirma Plutarco, era la virtud más venerada en la Roma de entonces, según se advierte en la palabra misma, que significa "valor viril", de manera que una forma específica de virtud era tenida por la virtud en general.

alzado.[9] ¿Por qué seguimos charlando aquí? ¡Al Capitolio![10]

Todos:
Vamos, vamos.

Primer ciudadano:
¡Momento! ¿Quién viene aquí?

(*Entra Menenio Agripa.*)

Segundo ciudadano:
El digno Menenio Agripa; alguien que siempre ha amado al pueblo.[11]

Primer ciudadano:
Alguien suficientemente honesto. ¡Ojalá todos los demás fueran así!

---

[9] Según Plutarco, la rebelión de la plebe contra la usura comenzó con pequeños alborotos en la ciudad y acabó en un tumulto general, donde no hubo actos de violencia sino reclamos de que el único privilegio de los plebeyos era recibir heridas y la muerte en batallas por la defensa de los ricos.

[10] "Capitolio": una de las siete colinas de Roma, donde se hallaba el templo de Júpiter Capitolino, a menudo confundido en la literatura isabelina con la sede del senado, aunque ésta en realidad estaba ubicada al pie de esa colina, cerca del foro (confusión similar hay en *Tito Andrónico*, I.i y en *Julio César*, II.iv).

[11] Según Plutarco, para aplacar la rebelión contra la usura el senado envió a algunos de los ancianos mejor dispuestos con el pueblo, y entre ellos como principal delegado a Menenio Agripa, quien consiguió disuadir a la turba; aquí, en cambio, antes de él que lo haya conseguido ingresará Marcio, quien en la fuente no tiene participación directa en el hecho.

Menenio:
¿Qué tenéis entre manos? ¿Dónde vais,
 [compatriotas,
Con porras y garrotes? ¿Qué ocurre? Hablad, os
 [ruego.

Segundo ciudadano:
Nuestro asunto no es desconocido para el senado;
han tenido indicios esta quincena de lo que pretendemos hacer, que ahora les mostraremos en los hechos.
Ellos dicen que los peticionantes pobres tienen el
aliento fuerte; ahora van a saber que también tenemos fuertes los brazos.

Menenio:
¿Por qué, honestos amigos, mis honestos vecinos,
Queréis vosotros mismos arruinaros?

Segundo ciudadano:
No podemos, señor; ya estamos en la ruina.

Menenio:
Amigos, los patricios tienen el más benéfico
Cuidado por vosotros. En cuanto a las carencias
Que en la escasez sufrís, podréis golpear al cielo
Con vuestras clavas tanto como alzarlas en contra
Del estado romano, que seguirá su curso
Por la senda adoptada, rompiendo diez mil bridas
De eslabones más fuertes que los que podrán
 [nunca
Poner vuestros estorbos. En cuanto a la escasez,
Los dioses la producen, no los patricios, y

Las rodillas ante ellos, no los brazos, ayudan.[12]
Ay, la calamidad os transporta hacia donde
Sólo hay más aguardándoos, y calumniáis a los
Timones del estado, que os cuidan como padres,
Cuando los maldecís como a enemigos.[13]

Segundo ciudadano:
¿Que nos cuidan? Sin duda, ellos nunca han cuidado de nosotros hasta ahora; toleran que desfallezcamos de hambre, y sus almacenes rebosan de granos; hacen edictos sobre la usura, para apoyar a los usureros;[14] revocan cada día cualquier norma saludable dispuesta contra los ricos, y dictan estatutos más lacerantes cada día para encadenar y refrenar a los pobres. Si no nos devoran las guerras,[15] ellos lo harán; y ése es todo el amor que nos tienen.

Menenio:
O bien debéis
Confesar que en vosotros hay extremo rencor,

---

[12] "Brazos": *arms* (al igual que unos versos antes en boca del segundo ciudadano), que significa también "armas", y evoca aquí como doble sentido la idea de "alzarse en armas" contra el estado.

[13] "Timones del estado" (*helms o'th'state*): metonimia por "pilotos del estado", a su vez metáfora por "gobernantes", una figura con larga tradición. "Padres" (*fathers*): jugando con la traducción literal del latín *patres*, título de los senadores en la antigua Roma.

[14] Shakespeare fusiona en una sola dos protestas de la plebe romana referidas por Plutarco: la primera contra la usura (a raíz de un código legal que autorizó los préstamos de dinero a altas tasas de interés, favoreciendo así a quienes podían prestar, esto es, a los patricios), y la segunda por la escasez de grano, la cual en la fuente es posterior a la batalla de Corioli.

[15] Imágenes canibalísticas como ésta recurrirán a lo largo de la obra.

O bien ser acusados de locura. Un buen cuento
Os contaré; es posible que ya lo hayáis oído;
Pero, como a mis fines sirve, he de aventurarme
A limarlo algo más.[16]

Segundo ciudadano:
Muy bien, señor, lo escucharé; sin embargo, no vayáis a creer que podréis distraernos de nuestra desgracia con un cuento; pero si os complace, referidlo.

Menenio:
Hubo un día en que todos los órganos del cuerpo
Se alzaron contra el vientre con esta acusación:[17]
Que él tan sólo como un remolino se hallaba
En el medio del cuerpo, perezoso, inactivo,
Almacenando siempre las viandas, sin hacer
Esfuerzos como el resto, mientras los otros
      [miembros
Oían y veían, sentían, caminaban,
Y en participación conjunta proveían
Así a los apetitos y deseos, comunes
Al cuerpo entero. Entonces el vientre respondió...

---

[16] "Limarlo": *scale't*, probablemente con el sentido hoy obsoleto de "quitarle (a una moneda) escamas u hojuelas con fines fraudulentos" (OED, 2 b); L. Theobald enmienda por *stale't*, "insistir, aburrir, machacar con él".

[17] "Hubo un día": *there was a time*, variación sobre el comienzo formular *once upon a time*, equivalente al castellano "había una vez"; la fábula que cuenta Menenio está en Plutarco, pero Shakespeare la expande inspirándose en otras varias fuentes; por otra parte, en Plutarco está al final (no al principio, como aquí) de la intervención de Menenio, quien no vuelve a aparecer más. En el verso siguiente "remolino": *gulf*, con el sentido adoptado en la traducción (OED, 3 b), a menudo aplicado al apetito voraz.

Segundo ciudadano:
¿Y, señor, qué respuesta dio el vientre?

Menenio:
Señor, os lo diré. Con cierta sonrisilla,
Que no provino nunca de un pulmón, sino así...
–Pues mirad, puedo hacer yo sonreír al vientre
De igual modo que hablar–,[18] contestó con acierto
A los amotinados, las partes envidiosas
De lo que él recibía; muy acorde a lo injustos
Que sois para con vuestros senadores porque ellos
No son como vosotros.

Segundo ciudadano:
                    ¿La respuesta del vientre?
¡Bah!, la regia cabeza, y el ojo vigilante,
El sabio corazón,[19] nuestro soldado el brazo,
Nuestro corcel la pierna, nuestro clarín la lengua
Y otros equipamientos y nimios auxiliares
De nuestra construcción, si ellos todos...

Menenio:
                              ¿Qué, pues?
A fe mía, este tipo sí que habla. ¿Qué? ¿Qué, pues?

---

[18] "No... de un pulmón": por lo tanto no explosiva ni ruidosa. "Así... puedo...": Menenio actúa la sonrisa del estómago, acaso eructando (L. Bliss). A continuación "con acierto": *taintingly*, esto es, "como un caballero que acierta un golpe en una lid" (C.F. Tucker Brooke); la cuarta edición en folio enmienda por *tauntingly*, "en son de burla".

[19] En la versión que da W. Averell de esta fábula, el corazón es la sede del entendimiento y la sabiduría.

Segundo ciudadano:
Si estuvieran sujetos a ese glotón del vientre,[20]
Que es la cloaca del cuerpo...

Menenio:
                    Bien, muy bien, ¿y
    [qué, entonces?

Segundo ciudadano:
Todos esos agentes, si en verdad se quejaran,
El vientre, ¿qué podría responder?[21]

Menenio:
                    Os diré;
Si concedierais algo de eso que tenéis poco,
Paciencia, escucharíais la respuesta del vientre.

Segundo ciudadano:
La alargáis demasiado.

Menenio:
                    Notad, mi buen amigo,
Que vuestro grave vientre pensó bien, no de prisa
Como sus acusantes, y ésta fue su respuesta:
"Es verdad, mis amigos incorporados", dijo,[22]

---

[20] "Glotón": *cormorant*, "cormorán", ave con fama de ser insaciablemente voraz, y de allí, figuradamente, "ávido (glotón, codicioso) insaciable" (OED, 2 a).

[21] "Agentes" (*agents*): esto es, los que actúan o trabajan de verdad.

[22] "Incorporados" (*incorporate*): esto es, "unidos en un único cuerpo", literalmente en el sentido etimológico del término (del latín *in*, "en", y *corpus*, "cuerpo").

"Que recibo primero la comida común,
De la que vivís todos; y es lo más apropiado,
Debido a que yo soy almacén y taller
Del cuerpo entero. Pero, si en verdad recordáis,
La envío por los ríos de vuestra sangre al núcleo,
La corte, el corazón, al trono del cerebro;
Y, a través de meandros y funciones del hombre,[23]
Los nervios más robustos e inferiores venillas
Reciben de mi parte la ración natural
De la que viven. Y aunque todos al mismo tiempo,
Vosotros, mis amigos", dice el vientre,
       [atendedme...[24]

Segundo ciudadano:
Sí, señor, y bien, vamos.

Menenio:
       "Aunque no podáis ver
Todos al mismo tiempo lo que entrego a cada uno,
Puedo hacer el balance completo de que todos
De mí obtenéis la flor de la harina de todo
Y no más que el salvado me dejáis." ¿Qué decís?

Segundo ciudadano:
Fue una respuesta. Y vos, ¿qué aplicación le veis?

Menenio:
Bien, son los senadores de Roma ese buen vientre,

---

[23] "Funciones" (*offices*): metonimia por "órganos".
[24] Puntuación enmendada por E. Capell; en la primera edición en folio, "Vosotros... vientre" está entre paréntesis; W.A. Wright enmienda cerrando las comillas al final del verso anterior.

Y vosotros los miembros rebeldes. Pues mirad
Sus consejos, cuidados, digerid bien las cosas
Según el interés común, y advertiréis
Que ningún beneficio público recibís
Que no proceda sino de ellos hacia vosotros
Y nunca de vosotros mismos. ¿Qué pensáis vos,
Dedo gordo del pie de esta asamblea?

Segundo ciudadano:
¿Dedo gordo del pie? ¿Por qué yo dedo gordo?

Menenio:
Pues siendo uno de los más bajos, viles, pobres,
De rebelión tan sabia como ésta, vas delante.
Cervato de la sangre más ruin para correr,
Te colocas al frente para sacar ventaja.[25]
Pero aprestad bien vuestros tiesos palos y porras.
Ya están Roma y sus ratas prontas a la batalla;
De un lado habrá aflicción.

(Entra Cayo Marcio.)

¡Noble Marcio, salud!

Marcio:
Gracias. ¿Qué hay, revoltosos canallas, que
    [rascándoos

---

[25] "Cervato": *rascal*, "canalla, bribón" y "venado inferior de la manada". "De la sangre más ruin": *worst in blood*, donde *in blood* es también una expresión de cacería que significa "en pleno vigor". S. Johnson parafrasea: "tú que eres un sabueso, o un perro corredor de la más baja estirpe, conduces la jauría, cuando no hay nada que obtener".

La pobre picazón de vuestras opiniones
Os sacáis costras?

Segundo ciudadano:
                Siempre vuestras buenas
   [palabras.

Marcio:
Quien te dé a ti palabras buenas adulará
Hasta lo aborrecible. ¿Qué queréis lograr, cuzcos,
Que no gozáis ni en paz ni en guerra? Una os
   [asusta,
La otra os pone arrogantes.[26] Quien confía en
   vosotros,
Donde habría de hallaros leones halla liebres,
Donde zorros, vosotros sois gansos; no más
   [fiables,[27]
Por cierto, que el carbón en llamas sobre el hielo
O que granizo al sol.[28] Vuestra virtud sólo es
Gloriar al delincuente penado y maldecir
Lo que hizo la justicia. Quien merece grandeza
Merece así vuestro odio; vuestros afectos son

---

[26] "Arrogantes": *proud*, palabra clave y recurrente en esta obra, lo mismo de lo que acusó antes el primer ciudadano a Marcio, y de lo que se seguirá acusándolo (traducida también, según requerimientos métricos o semánticos de cada caso, "orgulloso" o "altivo").

[27] Puntuación según la primera edición en folio; L. Theobald la enmienda de manera tal que el sentido pasa a ser: "Donde zorros, gansos; vosotros no sois más fiables...".

[28] En el invierno de 1607-8, la superficie del Támesis se congeló, fenómeno muy fuera de lo común, y se hicieron fogatas encima de ella; la idea de que Shakespeare se inspiró en tales hechos para elaborar esta imagen ha sido utilizada como indicio para fechar la composición de la obra.

El hambre de un enfermo, que desea más de eso
Que aumentará su mal. Quienquiera que dependa
Del favor vuestro nada con aletas de plomo,
Tala robles con juncos. ¿Fe en vosotros? ¡Que os
  [cuelguen!
Cambiáis a cada instante que pasa de opinión,
Y llamáis noble a quien odiabais hace poco
Y vil al que era vuestra guirnalda.[29] ¿Qué sucede,
Que por los diferentes sitios de la ciudad
Dais gritos contra el noble senado, ese que bajo
Los dioses os impone respeto, pues si no,
Os comeríais unos a otros?

[*A Menenio.*]

                            ¿Qué es lo que buscan?

Menenio:
Granos al precio de ellos, los que, según afirman,
La ciudad almacena.

Marcio:
                  ¡Que los cuelguen! ¿Afirman?
Sentados junto al fuego creen saber qué se hace

---

[29] "Guirnalda": alusión a la corona de hojas de roble que, según la adaptación que hace Shakespeare aquí y otras veces a lo largo de esta obra, se otorgaba a quien había demostrado mayor valentía en el combate; Plutarco cuenta que la primera actuación militar de Marcio fue en la batalla final contra Tarquino el Soberbio, antiguo rey expulsado de Roma, y que allí salvó la vida de otro soldado, por lo cual, según la costumbre, se lo coronó con una guirnalda de hojas de roble, hechos que, en versión de Shakespeare, Cominio rememorará durante la segunda escena del acto segundo.

Dentro del Capitolio, quién podría elevarse,
Quién medra y quién declina; favorecen facciones y
 [divulgan
Supuestos matrimonios,[30] reforzando partidos
Y haciendo débil al que no les cae en gracia
Bajo sus zapatones remendados. ¡Afirman pues que
 [hay grano!
Si hiciera su piedad a un lado la nobleza
Y me dejara usar la espada, apilaría
Miles de estos esclavos destrozados, tan alto
Como pudiera yo tirar mi lanza.[31]

Menenio:
No, si éstos están casi del todo disuadidos;
Pues aunque en abundancia carecen de mesura,
Son extremadamente cobardes. Pero, os ruego,
¿Qué dice la otra banda?[32]

Marcio:
                          Se disolvió. ¡Colgadlos!
Decían tener hambre, suspiraban refranes,
Que el hambre rompe muros, que han de comer los
 [perros,
Que el pan está hecho para las bocas, que los
 dioses

---

[30] "Matrimonios" (*marriages*): probablemente en el sentido figurado de "alianzas (políticas)".

[31] "Destrozados": *quartered*, "cortados en cuartos, descuartizados", como se hacía con los criminales en tiempos de Shakespeare.

[32] Esto es, los amotinados reunidos en otra parte de la ciudad, cuyos gritos se oyeron antes mientras estaba hablando el primer ciudadano.

No enviaron granos sólo para los ricos.³³ Con esos
[retazos
Venteaban sus lamentos, y una vez respondidos
Y que una petición se concediera –extraña,
Para romperle a la nobleza el corazón,
Poner al poder pálido–, lanzaron pues las gorras
Como para en los cuernos de la luna colgarlas,
Gritando emulación.³⁴

Menenio:

              ¿Qué se les concedió?

Marcio:
Cinco tribunos de su elección, que defiendan
Sus saberes vulgares; es uno Junio Bruto,
Sicinio Veluto otro, y ahí no sé más.³⁵ Pardiez,

---

³³ De los cuatro refranes, sólo el primero es conocido; los dos siguientes son variaciones de otros conocidos, y del último no hay ningún otro testimonio, de modo que se lo supone una creación *ad hoc*.

³⁴ "Venteaban" (*vented*): "echaban al aire, exhalaban", pero también con el doble sentido sugerido de "echar ventosidades". "Nobleza": *generosity*, en el sentido etimológico del término, del latín *generosus*, "de noble cuna"; pero el sentido moderno, "generosidad, nobleza (de alma)" hace reverberar la idea de que esa actitud destruirá a los propios patricios, la nobleza romana. "Poder": tras la caída de la monarquía con la expulsión de Tarquino el Soberbio, comenzó la era republicana en que el poder residía en el senado integrado por patricios. "Emulación" (*emulation*): en sentidos positivo y negativo, este último poco frecuente en castellano y hoy obsoleto en inglés.

³⁵ "Tribunos": de la plebe, elegidos por ésta, con facultad para vetar las resoluciones del senado y proponer plebiscitos; Plutarco sostiene que la concesión de que se eligieran a cinco de estos protectores de los necesitados, funcionarios que luego serían llamados tribunos de la plebe, fue la que puso fin a la rebelión contra la usura, y que los dos primeros elegidos, y los únicos que él nombra, fueron los líderes de la rebelión, los mis-

La chusma antes habría derruido la ciudad
Que imponerse conmigo. Va a ganar con el tiempo
Más poder y al servicio de las insurrecciones
Va a plantear argumentos más vastos.

Menenio:
$$\text{Es extraño.}$$

Marcio:

[*A los ciudadanos.*]

¡Retiraos, marchad a casa, sobras!

(*Entra un mensajero a toda prisa.*)

Mensajero:
¿Dónde está Cayo Marcio?

Marcio:
$$\text{¿Qué sucede? Aquí estoy.}$$

Mensajero:
La nueva es que los volscos, señor, están en armas.

Marcio:
Me alegro, así tendremos un modo de ventear
Nuestro rancio excedente.

---

mos que incluye Shakespeare de aquí en más. A continuación "pardiez": *'sdeath*, eufemismo de *by God's death*, "por la muerte de Dios" (como "pardiez" de "por Dios").

(*Entran Sicinio Veluto, Junio Bruto, Cominio, Tito Larcio, con otros senadores.*)[36]

Ved, ancianos ilustres.

Primer senador:
Marcio, es cierto lo que decíais hace poco,[37]
Los volscos han tomado las armas.

Marcio:
Hay un jefe
Entre ellos, Tulo Aufidio, que va a daros qué hacer.[38]
Incurro en el pecado de envidiar su nobleza,
Y aun de ser yo otra cosa que lo que soy, tan sólo
Desearía ser él.

Cominio:
¡Habéis peleado juntos!

Marcio:
Si mitad con mitad del mundo se enfrentaran

---

[36] E. Malone, seguido luego por algunos editores, cambia el orden en esta acotación, haciendo ingresar primero a los senadores y luego a los tribunos, en la idea de que eso es lo que corresponde a las siguientes palabras de Marcio; por el contrario, según el orden que da la primera edición en folio y mantiene la traducción, la expresión resulta irónica, con dos probables sentidos: que los dos tribunos hacen ahora las veces de senadores, o bien que los senadores han quedado ahora rebajados al nivel de los tribunos (L. Bliss).

[37] Puesto que Marcio acaba de enterarse de esto por el mensajero, "decíais" (*have told*) tiene aquí el sentido de "previnisteis" (S. Johnson).

[38] En Plutarco, Tulo Aufidio aparece mucho más adelante, cuando Marcio se dirige a Ancio; Shakespeare lo introduce desde el principio como rival y paralelo del protagonista.

Y él fuera de los míos, yo me sublevaría
Para hacer con él solo mi guerra. Es un león
Que me siento orgulloso de cazar.

Primer senador:
                                          Digno Marcio,
A Cominio asistid en esta guerra, entonces.

Cominio:
Es lo que prometisteis vos antes.

Marcio:
                                          Sí, señor,
Y soy constante. Vas a verme, Tito Larcio,
Golpear una vez más el semblante de Tulio.
¿Quedáis tieso? ¿Os abrís?

Larcio:
                                    No, Cayo Marcio, no;
Firme en una muleta pelearía con la otra
Antes que quedar fuera del tema.

Menenio:
                                      ¡Ah, bien nacido!

Primer senador:
Venid al Capitolio conmigo, donde sé
Que nos aguardan grandes amigos.

Larcio:

[*A Cominio.*]

Id delante.

[*A Marcio.*]

Id detrás de Cominio. Nos cuadra ir tras de vos,
El derecho os concede prioridad.

Cominio:

¡Noble Marcio!

Primer senador:

[*A los ciudadanos.*]

Id a casa, marchaos.

Marcio:

No, que vengan detrás.
Los volscos tienen grano; llevad allí a estas ratas
A roer los graneros. Venerables rebeldes,
Vuestro valor promete. Seguidnos, por favor.

(*Los ciudadanos se escabullen.*
[*Salen todos menos*] *Sicinio y Bruto.*)

Sicinio:
¿Hubo hombre tan altivo como lo es este Marcio?

Bruto:
No tiene igual.

Sicinio:
Cuando nos eligieron de tribunos del pueblo...

Bruto:
¿Le notasteis los labios y ojos?

Sicinio:
　　　　　　　　　　　No, sí las mofas.

Bruto:
Airado, no va a ahorrarles desprecio ni a los
　　　[dioses.

Sicinio:
Se burlaría de la casta luna.[39]

Bruto:
¡Que esta guerra lo trague! Se ha puesto muy altivo
Debido a su valor.[40]

Sicinio:
　　　　　　　　Esa naturaleza,
Con cosquillas del éxito, desprecia hasta la sombra
Que él pisa a mediodía. Pero en verdad me admira
Que su insolencia pueda tolerar ser mandada
Por Cominio.

Bruto:
　　　　　　　La Fama, que es adonde él apunta,
Con la cual ya está bien agraciado, no puede

---

[39] Por Diana, diosa virgen identificada con la luna.

[40] Traducción según la puntuación enmendada por T. Hanmer; según la de la primera edición en folio, todo en una sola frase, el sentido sería: "esta guerra lo devora (esto es, le consume el pensamiento), (porque) se ha vuelto muy altivo por (su reputación de) ser tan valiente".

Mantenerse o lograrse mejor que en un lugar
Debajo del primero; porque lo que fracase
Ha de ser una falla del general, aunque haga
Lo máximo posible, y el juicio atolondrado
Va entonces a gritar respecto a Marcio: "¡Ah, si él
Hubiera estado al mando!"

Sicinio:
       Y además, si va bien,
La opinión, que está tan pegada a Marcio, habrá
De robarle a Cominio cualquier mérito.

Bruto:
          Cierto,
Todo honor de Cominio ya es la mitad de Marcio,
Aunque éste no lo gane, mientras que toda falla
Ha de ser un honor de Marcio, aunque en verdad
Él no merezca nada.

Sicinio:
       Vayamos a enterarnos
De cómo se organiza la empresa y de qué modo,
Además de lo que es su singularidad,
Marcha él ahora a esta acción.

Bruto:
          De acuerdo, vamos.

(*Salen.*)

ESCENA II

[*Corioles.*]

(*Entra Tulo Aufidio con senadores de Corioles.*)[41]

Primer senador:
Y bien, vuestra opinión, Aufidio, entonces es
Que en Roma están al tanto de nuestras
  [intenciones
Y conocen de nuestro proceder.

Aufidio:
                    ¿No es la vuestra?
¿Qué cosa alguna vez se pensó en este estado
Que en acto haya podido ponerse antes que Roma
Le haya salido al cruce? No hace ni cuatro días
Recibí de allí nuevas. Éstas son las palabras...,
Creo que tengo aquí la carta; sí, aquí está:

[*Lee.*]

"Han reclutado fuerzas, pero si es para el este
O el oeste no se sabe. La escasez es inmensa,
El pueblo se amotina. Y el rumor que se corre

---

[41] "Corioles": la forma latina es *Corioli* (plural de segunda declinación), y así pasa al inglés, y también usualmente al castellano (más puristamente correspondería "Coriolos"); la forma que emplea Shakespeare, y la traducción respeta, está tomada de la versión inglesa de Plutarco hecha por T. North, a su vez tomada de la versión francesa de J. Amyot, quien galiciza el nombre de la ciudad (*Corioles*, plural masculino francés). Esta escena no tiene antecedentes en Plutarco.

Es que Cominio, Marcio, vuestro viejo enemigo
Que en Roma es mucho más odiado que por vos,
Y Tito Larcio, un muy valeroso romano,
Son los tres que dirigen la expedición en curso
Adonde va; lo más probable hacia vosotros.
Precaveos."

Primer senador:
                      Tenemos en campaña al ejército.
Nunca hemos puesto en duda que Roma estaba
       [lista
Para darnos respuesta.

Aufidio:
                        Ni creísteis absurdo
Ocultar vuestros grandes planes hasta que hubiese
Por fuerza que mostrarlos, pero al romper el
       [huevo,
Parece, fueron obvios a Roma. Siendo así,
Tendremos que achicar nuestro objetivo, que era
Tomar muchas ciudades antes, casi, que Roma
Advirtiera que estábamos en marcha.

Segundo senador:
                           Noble Aufidio,
Asumid vuestro cargo; pronto id con vuestras
       [tropas.
Dejadnos a nosotros guardar solos Corioles.
Si vienen a sitiarnos, para echarlos de aquí
Traed a vuestro ejército; pero veréis, yo creo,
Que no se alistan contra nosotros.

Aufidio:

                                      No dudéis,
Hablo de cosas ciertas. Y os digo más, incluso:
Hay partes de sus fuerzas que están en marcha ya,
Y hacia aquí sólo. Vuestras excelencias, os dejo.
De llegar a encontrarnos Cayo Marcio y
      [nosotros,[42]
Está jurado entre ambos golpear hasta que alguno
De los dos no dé más.

Todos los senadores:

                          ¡Los dioses os asistan!

Aufidio:
Y preserven a vuestras excelencias a salvo.

Primer senador:
Adiós.

Segundo senador:
Adiós.

Todos:
Adiós.

    (*Salen.*)

---

[42] "Nosotros" (*we*): plural mayestático, esto es, "yo".

ESCENA III

[*Roma.*]

(*Entran Volumnia y Virgilia, madre y esposa de Marcio. Se sientan en dos taburetes y cosen.*)[43]

Volumnia:
Os ruego, hija, que cantéis, o que os expreséis de alguna manera más animosa. Si mi hijo fuera mi marido, yo gozaría más de esta ausencia en la que él podría ganar honra que de los abrazos del lecho donde él podría mostrar el máximo amor. Cuando él no era más que una tierna criatura y el único hijo de mis entrañas,[44] cuando la juventud con la gracia que le es propia le atraía todas las miradas a su paso, cuando ni por un día entero de súplicas de reyes una madre hubiera entregado una sola hora de contemplarlo, yo, considerando cómo se avenía a tal persona el honor–que no era mejor que una pintura que se cuelga en la pared si el renombre no la hacía moverse–, me complacía en dejarlo buscar el peligro donde era probable que encontrase fama. A una cruel guerra lo envié, de donde regresó con la frente ceñida de roble.[45]

---

[43] Plutarco afirma que Marcio, huérfano de padre desde pequeño, se casó de acuerdo con los deseos de su madre y continuó viviendo con ella en la misma casa junto a su esposa y dos hijos. En las versiones de esta historia que dan Dionisio de Halicarnaso y Tito Livio, Volumnia es el nombre de la esposa de Marcio, y el de la madre es Veturia.

[44] "Hijo de mis entrañas" (*Proverbios*, XXXI.2).

[45] Alusión a su participación en la batalla final contra Tarquino el Soberbio, rememorada por Cominio en la segunda escena del acto segundo.

Te digo, hija, que no salté más de alegría al oír por primera vez que era un niño varón que entonces al ver por primera vez que había demostrado ser un hombre.[46]

Virgilia:
Pero si hubiera muerto en la empresa , señora, ¿entonces qué?

Volumnia:
Entonces su buena reputación habría sido mi hijo; en ella habría encontrado yo mi descendencia. Óyeme profesar sinceramente: si tuviera una docena de hijos, todos iguales en mi amor y ninguno más querido que tú y mi buen Marcio, yo preferiría tener a once muertos por su patria antes que a uno solo voluptuosamente satisfecho fuera de acción.

(Entra una dama.)[47]

Dama:
Mi señora, la señora Valeria ha venido a visitaros.[48]

---

[46] "Niño varón": *man-child*, más literalmente "niño-hombre", lo cual permite en inglés un contraste aún más evidente con *man*, "hombre".

[47] El hecho de que Volumnia sea asistida por una dama (*gentlewoman*) y no por una criada es señal de su elevada posición social (J. D. Wilson).

[48] Plutarco cuenta mucho más adelante, cuando Marcio está acampado con los volscos cerca de Roma, que Valeria, hermana del entonces ya difunto Publícola, dama de gran reputación, condujo a las mujeres romanas hasta la casa de Volumnia, a quien encontró sentada junto a su nuera y con sus nietos en el regazo, para convencerla de que intentara disuadir al hijo; en ese pasaje seguramente se inspiró Shakespeare para crear esta escena.

Virgilia:
Os suplico que me deis permiso para retirarme.

Volumnia:
Por supuesto que no.
Creo oír ya el tambor de vuestro esposo aquí,
Verlo arrastrar a Aufidio del cabello hasta el suelo,
Como niños de un oso huir corriendo a los
      [volscos.
Creo verlo patear así, y clamar así:
"¡Vamos, cobardes! Fuisteis en el miedo
      [engendrados,
Aunque en Roma nacierais."[49] La frente
      [ensangrentada
Con la mallada mano limpiándose,[50] avanza ahora
Igual que un segador que ha de hacer la tarea
De segar todo o bien perder el sueldo.

Virgilia:
¿La frente ensangrentada? ¡Nada de sangre, oh,
      [Júpiter![51]

Volumnia:
¡Fuera, necia! La sangre se aviene más a un
      [hombre

---

[49] "Así / así" (*thus / thus*): Volumnia actúa lo que describe. Las imprecaciones que le atribuye al hijo son similares a las que él dirigirá en la próxima escena a los romanos que se retiran, y a la vez sugieren de dónde proviene el desprecio que él siente por el pueblo (L. Bliss).
[50] "Mallada" (*mailed*): cubierta por la malla de la armadura.
[51] "Júpiter": supremo dios romano.

Que el oro a su sepulcro.[52] Los propios pechos de
 [Hécuba,
Cuando amamantaba a Héctor, no eran más
 [primorosos
Que aquella frente de Héctor cuando escupía
 [sangre
Ante la espada griega con desdén.[53]

[*A la dama.*]

                                        Di a Valeria
Que estamos listas para darle la bienvenida.

(*Sale la dama.*)

Virgilia:
¡Que el cielo guarde a mi señor del cruel Aufidio!

Volumnia:
Bajará la cabeza de ése hasta su rodilla
Y le hollará la nuca.[54]

(*Entra Valeria con un portero y una dama.*)

---

[52] En varias otras partes de la obra de Shakespeare se habla del oro como "rojo" (por ejemplo en *Macbeth*, II.iii).

[53] *At Grecian sword, contemning.*, enmienda de T. Keightley a partir de una conjetura de E.H. Seymour; en la primera edición en folio, *At Grecian sword. Contemning,*, con esta última palabra en itálicas, lo usual con los nombres propios, como si hubiera sido ése el de la dama; varias otras enmiendas han sido propuestas para este pasaje. Hécuba era la reina de Troya, y su hijo Héctor el guerrero más destacado y líder militar de su ciudad sitiada por los aqueos (griegos).

[54] Predicción inversa del final.

Valeria:
Mis dos señoras, buen día para vosotras.

Volumnia:
Mi querida señora.

Virgilia:
Me agrada ver a vuestra señoría.

Valeria:
¿Cómo estáis las dos? Sois manifiestas amas de casa. ¿Qué estáis cosiendo aquí? Lindo bordado, a fe mía. ¿Cómo está vuestro pequeño hijo?

Virgilia:
Agradezco a vuestra señoría; muy bien, mi buena señora.

Volumnia:
Prefiere ver espadas y oír un tambor antes que mirar a su maestro de escuela.[55]

Valeria:
Palabra, un hijo de su padre. Juro que es un hermoso muchachito. A fe, el miércoles estuve mirándolo media hora seguida. ¡Tiene un aspecto tan decidido! Lo vi correr tras una mariposa dorada, y cuando la cazó, la dejó ir, y después otra vez, y se va de cabeza, y arriba otra vez, la cazó otra vez. O se enojó por la ca-

---

[55] "Espadas / tambor" (*swords / drum*): probables metonimias por "soldados / tamborilero".

ída, o como fuera, lo cierto es que puso así los dientes y la despedazó. Ah, os lo aseguro, ¡cómo la hizo añicos!

Volumnia:
Un arranque como los del padre.

Valeria:
Sin duda, sí, un noble niño.

Virgilia:
Un diablillo, señora.

Valeria:
Vamos, dejad a un lado vuestra costura; tengo que haceros actuar como ama de casa holgazana conmigo esta tarde.

Virgilia:
No, mi buena señora, no voy a salir de casa.

Valeria:
¿No salir de casa?

Volumnia:
Saldrá, saldrá.

Virgilia:
De veras que no, con vuestra indulgencia; no traspondré el umbral hasta que mi señor regrese de la guerra.

Valeria:
Bah, os confináis muy irrazonablemente. Vamos, tenéis que ir a visitar a la buena señora que está en cama.[56]

Virgilia:
Voy a desearle que cobre fuerzas pronto, y voy a visitarla con mis oraciones, pero no puedo ir allí.

Volumnia:
¿Por qué, os ruego?

Virgilia:
No por ahorrarme el esfuerzo, ni por falta de afecto.[57]

Valeria:
Vos queréis ser otra Penélope; dicen sin embargo que toda la lana que ella hiló en ausencia de Ulises no hizo más que llenar Itaca de polillas.[58] Vamos, ojalá vuestro lienzo fuera sensible como vuestro dedo, así

---

[56] "Que está en cama": *that lies in*, que puede tener el sentido de "que está de parto" o "en cama como preparación para el parto" (el OED, 23 a, cita este pasaje como ejemplo de tal acepción).

[57] El eco sonoro en "esfuerzo / afecto" remeda la aliteración *labour / love*.

[58] Penélope, esposa de Ulises u Odiseo, mientras él se hallaba en la guerra de Troya y en su largo viaje de regreso a Itaca, daba largas a quienes pretendían su mano diciendo que antes de decidirse por alguno debía terminar un tejido, que ella tejía de día y destejía en secreto de noche; "polillas" (*moths*) alude figuradamente a los pretendientes, que se alimentaban de las riquezas de Ulises. "Itaca": *Ithaca*, enmienda de la tercera edición en folio; en la primera, *Athica*, corrupción al parecer influida por *Attica*, "Ática".

por piedad dejaríais de pincharlo. Vamos, tenéis que venir con nosotras.

Virgilia:
No, mi buena señora, perdonadme; de veras, no voy a salir.

Valeria:
En verdad sí, venid conmigo, que voy a contaros excelentes noticias de vuestro esposo.

Virgilia:
Ah, mi buena señora, no puede haber ninguna todavía.

Valeria:
Es cierto, no estoy bromeando; llegaron noticias de él anoche.

Virgilia:
¿De veras, mi señora?

Valeria:
En serio, es la verdad; se las oí decir a un senador. Son éstas: los volscos tienen un ejército en marcha, contra el cual ha ido el general Cominio con una parte de nuestras fuerzas romanas. Vuestro señor y Tito Larcio han puesto sitio a la ciudad de Corioles. No tienen ninguna duda de que vencerán y acabarán en breve la guerra. Es la verdad, por mi honor, de modo que venid con nosotras, os lo ruego.

Virgilia:
Excusadme, mi buena señora. Os obedeceré en cualquier otra cosa de aquí en más.

Volumnia:
Dejadla, señora; tal como ahora está, no va a hacer más que enfermar nuestra mejor diversión.

Valeria:
Por cierto, creo que sí. Adiós, entonces. Vamos, querida señora. Por favor, Virgilia, echa fuera tu solemnidad y ven con nosotras.

Virgilia:
No, en una palabra; de veras, no debo. Os deseo mucha diversión.

Valeria:
Bueno, entonces adiós.

(Salen.)

ESCENA IV

[*Frente a Corioles.*]⁵⁹

(*Entran Marcio, Tito Larcio, con tambor y estandartes, capitanes y soldados, como ante la ciudad de Corioles. Hacia ellos un mensajero.*)

Marcio:
Llegan nuevas. Apuesto que ya se han encontrado.

Larcio:
Mi caballo o el vuestro que no.

Marcio:
                    Acepto.

Larcio:
                            Trato hecho.

Marcio:
Di, ¿nuestro general ya encontró al enemigo?

Mensajero:
Se avistan, pero nada se ha dicho todavía.

Larcio:
El buen caballo es mío, pues.

---

⁵⁹ La batalla de Corioli (aquí Corioles) tuvo lugar en 493 a.C.

Marcio:

                        Os lo compraré.

Larcio:
No, no voy a venderlo ni a entregarlo; os lo presto
Durante medio siglo. Citad a la ciudad.[60]

Marcio:
¿A cuánto esos ejércitos están?

Mensajero:

                        A milla y media.[61]

Marcio:
Oiremos, pues, sus toques al arma, ellos los nuestros.
¡Oh, Marte, por favor, haz rápida nuestra obra,[62]
Así con las espadas humeantes allá vamos
A ayudar a los nuestros! Vamos, sopla tu ráfaga.[63]

(Tocan a parlamento. Entran dos senadores con otros sobre las murallas de Corioles.)

[60] "Citad" (*summon*): mediante un toque a parlamento, como indicará enseguida la acotación.

[61] La distancia será menos de una milla, aparentemente en las imprecaciones de Marcio a los que retroceden más adelante en esta misma escena, y claramente a comienzos de la sexta escena del acto en curso según palabras de Cominio, aunque la retirada táctica de éste podría haberla acortado para entonces; de todos modos, Shakespeare no prestaba demasiada atención a la consistencia estricta de tales detalles.

[62] "Marte": dios romano de la guerra.

[63] En esta breve dilación de la orden que había dado antes Tito Larcio, al igual que poco más adelante cuando le indica a éste que avance, Marcio hace cierta demostración de autoridad sobre su comandante, de lo cual no hay ningún antecedente en Plutarco.

¿Está dentro de vuestras murallas Tulio Aufidio?

Primer senador:
No, ni ningún otro hombre que os tema menos
  [que él,
Lo que es menos que un poco.[64]

(Tambor a lo lejos.)

                      Y oíd nuestros
  [tambores
Pariendo a nuestros jóvenes. Romperemos murallas
Antes que confinarnos en ellas.[65] Nuestras puertas,
Que parecen cerradas, se sujetan con juncos
Y van a abrirse solas.

(Toque al arma a lo lejos.)

                    ¿Escucháis a lo lejos?
Allá está Aufidio. Oíd la obra que está haciendo él
Por entre vuestro ejército partido.

Marcio:
                    ¡Están en lucha!

---

[64] "Menos / menos / un poco" (*less / lesser / a little*): la idea es claramente que nadie le teme, aunque la lógica hubiese requerido "más" (*more*) en el primer caso, según conjeturó S. Johnson y enmiendan algunos editores.

[65] "Romperemos": *We'll break*, con el matiz de *break out*, "irrumpiremos hacia fuera", aunque el de *break down*, "romper, derribar", es el más fuerte en la imagen.

Larcio:
Que el ruido de ellos nos enseñe. ¡Escalas, ea!

(*Entra el ejército de los volscos.*)

Marcio:
No tienen miedo, salen fuera de la ciudad.
Poneos los escudos ante el pecho y con pechos
Más a prueba que escudos combatid. Bravo Tito,
Atacad. Nos desdeñan más de lo que pensábamos,
Y eso me hace sudar de ira. ¡Vamos, mi gente!
A aquel que se retire lo tomo por un volsco
Y va a sentir mi filo.

(*Toque al arma. Los romanos son rechazados hasta sus trincheras.*)[66]
(*Entra [de nuevo] Marcio, maldiciendo.*)

Marcio:
¡Que el contagio del sur caiga sobre vosotros,[67]
Vergüenza para Roma! Rebaño de... ¡Que pestes
Y úlceras os emplasten, así sois detestados

---

[66] Durante esta refriega, han de salir de escena Marcio y Tito Larcio (éste podría también hacerlo poco antes o poco después), puesto que luego se les da nuevamente entrada; J. Jowett introduce aquí un cambio de escena.

[67] El viento sur, cálido en Inglaterra, era considerado portador de enfermedades, por lo cual presenta similares connotaciones negativas en *Troilo y Crésida*, I.i, y en *Cimbelino*, II.iii; algo semejante ocurre con el viento sudoeste en *La tempestad*, I.ii ("Que el sudoeste os sople / Y os recubra de pústulas"). A continuación los puntos suspensivos corresponden a un guión agregado por S. Johnson; A. Pope, siguiendo una conjetura de L. Theobald, lee "Rebaño de pestes...".

Mucho antes de ser vistos y os infectáis uno a otro
Viento en contra a una milla!⁶⁸ ¡Meras almas de
    [ganso
Con forma de hombre, cómo huisteis de esclavos
    [que aun
Los monos batirían! ¡Por Plutón y el infierno!⁶⁹
¡De atrás heridos: rojas espaldas, caras lívidas
De fuga y febril miedo! ¡Curaos y a la carga,
O, fuegos celestiales, dejaré al enemigo
Y haré contra vosotros mi guerra! ¡Atención!
    [¡Vamos!
Si os plantáis, los haremos volver con sus esposas
Como nos siguen ellos hasta nuestras trincheras!⁷⁰

   (*Otro toque al arma, y Marcio sigue* [*a los volscos*] *hasta las puertas.*)⁷¹

---

68 Esto es, probablemente, a la distancia que separa esta parte del ejército de la otra al mando de Cominio.

69 "Plutón": en griego "el Rico", sobrenombre ritual de Hades, dios de los infiernos.

70 "Siguen": *followes* (*follows*), antiguo plural del inglés norteño, palabra ubicada al final del verso en el original; la segunda edición en folio enmienda por *followed*, en cuyo caso el sentido sería "como ellos hasta nuestras trincheras nos siguieron"; J.P. Collier enmienda por *Follow!*, en cuyo caso el sentido sería "como ellos a nosotros hasta nuestras trincheras! ¡Seguid(me)!".

71 En la primera edición en folio, esta acotación continúa: "y es encerrado dentro", lo cual se verá aquí desplazado al lugar oportuno, un poco más adelante, según la enmienda de S. Johnson; seguramente Shakespeare anotó en este lugar una acotación global que luego debía ser redistribuida. Los volscos podrían haber salido de escena durante la exhortación de Marcio a los suyos y volver ahora con el toque al arma.

Las puertas se han abierto. ¡Sed buenos
    [secundantes!
Para los que persiguen las abre la fortuna,
No para los que escapan.⁷² Vedme y haced lo
    [mismo.

(*Pasa las puertas.*)

Primer soldado:
¡Valor necio! Yo no.

Segundo soldado:
                        Tampoco yo.

(*[Marcio] es encerrado. Continúa el toque al arma.*)

Primer soldado:
Mirad, lo han encerrado.

Todos:
                   Para la olla, seguro.⁷³

(*Entra [de nuevo] Tito Larcio.*)

---

⁷² Dentro de un curso de las acciones bastante próximo en esta escena al respectivo relato de Plutarco (salida de los volscos, derrota y retroceso inicial de los romanos, exhortación de Marcio a algunos de ellos y contraataque, retirada de los volscos hacia la ciudad), esta frase sigue casi textualmente la traducción de T. North.

⁷³ "Para la olla" (*to th'pot*): esto es, "lo cortarán en trozos como carne para un guiso". Éste y el próximo parlamento grupal suelen ser adjudicados por algunos editores a un "tercer soldado" y aun a un "cuarto".

Larcio:
¿Qué ha ocurrido con Marcio?

Todos [los soldados]
                          Murió, señor, sin duda.

Primer soldado:
Pisando los talones de los que iban huyendo,
Entró junto con ellos, que repentinamente
Han cerrado las puertas, y él se ha quedado solo
Para enfrentar a toda la ciudad.[74]

Larcio:
                    ¡Noble amigo!,
Que, sensible, osa más que su insensible espada,
Y al doblarse ella, él se alza.[75] Te abandonaron,
    [Marcio.[76]
Un carbunclo perfecto tan grande como tú
No sería tan rica joya.[77] Un soldado fuiste
Como Catón deseaba, no terrible y feroz
Sólo en los golpes, sino que ante tu cruel mirar
Y ante la percusión de tu voz atronante

---

[74] Según Plutarco, unos pocos se atrevieron a entrar con Marcio; Shakespeare aumenta el aislamiento y la hazaña de su personaje.

[75] "Sensible / insensible" (*sensibly / senseless*): al dolor. La idea de lo que sigue es que su espada, insensible al dolor, puede sin embargo doblarse o doblegarse, mientras que él, pese a que es sensible al dolor, jamás lo hará.

[76] *Thou are left*, que según P. Brockbank podría entenderse también como "quedaste solo (sin rival entre los hombres)"; S.W. Singer enmienda por *thou are lost*, "tú estás perdido".

[77] "Carbunclo" (*carbuncle*): "pequeño carbón", como se llamaba al rubí, porque se lo creía capaz de refulgir por sí solo en la oscuridad.

Temblaba el enemigo, como si el propio mundo
Tiritase de fiebre.[78]

(*Entra [de nuevo] Marcio, sangrando, acosado
por el enemigo.*)

Primer soldado:
               Mirad, señor.

Larcio:
                         ¡Es Marcio!
Vayamos a buscarlo, o a quedar igual que él.

(*Pelean, y entran todos a la ciudad.*)

---

[78] "(Como) Catón (deseaba)": *(to) Cato's (wish)*, enmienda de L. Theobald; en la primera edición en folio, *Calues*; N. Rowe enmienda por *Calvus*, "Calvo". Plutarco, al contar poco antes cómo exhortó Marcio a los suyos a revertir el combate, afirma que él tenía lo que según Catón debía tener un soldado, no sólo fuerza en los golpes, sino también una voz y una mirada que infundieran miedo en el enemigo; alude a Catón el Censor, quien ocupó ese cargo (que pasó a ser su sobrenombre) más de tres siglos después de la batalla de Corioli, de modo que poner sus palabras en boca de Tito Larcio constituye un anacronismo por parte de Shakespeare.

ESCENA V

[*Corioles.*]

(*Entran algunos romanos, con despojos.*)

Primer romano:
Esto me lo llevo a Roma.

Segundo romano:
Y yo esto.

Tercer romano
¡La morriña con esto![79] ¡Creí que era de plata.

(*Salen.*[80] *El toque al arma continúa a lo lejos.*)
(*Entran Marcio y Tito* [*Larcio*] *con un trompeta.*)

Marcio:
¡Mirad qué activos estos que valoran su tiempo
En un dracma partido![81] Cojines, cucharillas

---

[79] "Morriña" (*murrain*): "peste" (literalmente "una enfermedad del ganado").

[80] L. Bliss desplaza sensatamente esta parte de la acotación hacia adelante, a continuación de la entrada de Marcio y Tito Larcio, puesto que el primero de ellos comienza hablando de lo que se acaba de ver en escena; la salida de unos, el toque al arma y la entrada de los otros son indudablemente más o menos simultáneos, pues es su yuxtaposición lo que describe formidablemente el cuadro de situación.

[81] "Activos": *movers*; P. Brockbank encuentra un probable juego de palabras con *removers*, "mozos de mudanza", en el sentido de "recolectores de basura". "Dracma": moneda griega de plata, de no mucho valor, que tuvo también uso entre los romanos.

De plomo, hierros a óbolo, jubones que un
[verdugo
Enterraría con el muerto, estos esclavos,
Mientras sigue el combate, se cargan.[82] ¡Que se
[mueran!
¡Y oíd el general cómo hace ruido![83] ¡A él!
Allí está el hombre que odio con toda el alma,
[Aufidio,
Traspasando a los nuestros. Bravo Tito, quedaos
Con los precisos para sostener la ciudad,
Mientras con los que tengan espíritu yo corro
A ayudar a Cominio.

Larcio:

                Sangras, digno señor.
Demasiado violento fue tu ejercicio para
Un segundo combate.

Marcio:

                Señor, no me alabéis;
Mi obra no me hizo entrar aún en calor. Adiós.
La sangre que goteo más bien es medicina
Que un riesgo para mí.[84] Frente a Aufidio así iré
A pelear.

[82] "Óbolo": *doit*, moneda holandesa equivalente entonces a medio cuarto de penique inglés. "Jubones" (*doublets*): prenda isabelina, no romana. "Verdugo...": en la Inglaterra de Shakespeare, el verdugo tenía derecho a quedarse con las ropas del ejecutado.

[83] "El general" (*the general*): Cominio, aunque algunos lo interpretan en el sentido de "la multitud". L. Bliss agrega antes de este verso una acotación que "oíd..." hace obvia: "el toque al arma continúa".

[84] "Sangre / medicina": la sangría era un tratamiento habitual en la medicina inglesa de los tiempos de Shakespeare.

Larcio:
　　　¡Que la bella diosa Fortuna te ame
Y sus grandes encantos desvíen las espadas
De quienes se te opongan! ¡Osado caballero,
Sea tu paje el éxito!

Marcio:
　　　　　　Y amigo tuyo igual
Que aquellos a los que ella más complace. Adiós,
　　　[pues.[85]

Larcio:
¡Ah, dignísimo Marcio!

　　[*Sale Marcio.*]

Toca en la plaza del mercado tu trompeta;
Cita a los oficiales de la ciudad allí,
Para hacerles saber nuestros planes. ¡En marcha!

　　(*Salen.*)

---

[85] El pillaje, la indignación de Marcio y su partida (junto a unos pocos que le prestaron atención) están en Plutarco, no así la participación de Tito Larcio en la situación.

ESCENA VI

[*Cerca de Corioles.*]

(*Entra Cominio, como en retirada, con soldados.*)

Cominio:
Tomad aliento, amigos. ¡Bien peleado! Salimos
De allí como romanos, ni necios al plantarnos
Ni en retiro cobardes.[86] No lo dudéis, señores,
Volverán al ataque. Mientras dábamos golpes,
A intervalos oímos por portadoras ráfagas
Las cargas de los nuestros. ¡Dioses romanos, guiad
Sus éxitos igual que deseamos el nuestro,
Así ambas fuerzas, juntas con la frente sonriente,
Os hacen sacrificios en gratitud!

(*Entra un mensajero.*)

¿Tus nuevas?

Mensajero:
La gente de Corioles salió de la ciudad
Y ha dado a Larcio y Marcio batalla. Yo los vi
A los nuestros echados de vuelta a las trincheras
Y me vine aquí entonces.

---

[86] Shakespeare presenta a Cominio, no temerario al atacar y capaz de una retirada táctica si la situación lo aconseja, como un modelo de militar contrastante con Marcio.

Cominio:
                    Aunque hables la verdad,
Creo que no hablas bien. ¿Cuánto tiempo hace de
    [eso?

Mensajero:
Mi señor, más de una hora.

Cominio:
No hay ni una milla; oímos hace poco tambores.
¿Cómo insumiste una hora para una milla y traes
Tan tarde tus noticias?

Mensajero:
                    Espías de los volscos
Me dieron caza y tuve que dar toda una vuelta
De tres o cuatro millas; si no, señor, habría
Traído hace media hora mi informe.

(*Entra Marcio.*)[87]

Cominio:
                      ¿Quién es ése
Que pareciera estar despellejado? Oh, dioses,
Ése tiene la estampa de Marcio, y yo lo he visto
Así en otra ocasión.

---

[87] La retirada táctica de Cominio y el mensajero venido de Corioles son creación de Shakespeare, al igual que los ruidos de combate a lo lejos durante la batalla en la escena cuarta; en Plutarco, Marcio encuentra a Cominio y sus hombres en el momento en que se aprestan a la lucha.

Marcio:
                    ¿He llegado muy tarde?[88]

Cominio:
No distingue el pastor entre el tambor y el trueno
Mejor que yo el sonido de la lengua de Marcio
De cualquier inferior.

Marcio:
                    ¿He llegado muy tarde?

Cominio:
Sí, si es que no llegáis en sangre de los otros
Sino en la vuestra envuelto.

Marcio:
                          Dejadme que os estreche
Con brazos firmes como cuando yo cortejaba,
Con corazón alegre como al fin de la boda
Cuando ardían las velas hacia el lecho.[89]

Cominio:
¡Ah, flor de los guerreros! ¿Cómo está Tito Larcio?

Marcio:
Como alguien que se ocupa de tomar decisiones:

---

[88] En Plutarco, Marcio ruega a los dioses no llegar tarde mientras va de camino.

[89] En Plutarco, Cominio abraza y besa a Marcio cuando éste le informa que Corioli (aquí Corioles) ha sido tomada; las sugerencias homosexuales que podrían desprenderse de tal comportamiento en otro contexto son alimentadas aquí por la comparación nupcial (L. Bliss).

Condena a unos a muerte y algunos al exilio,
Redime a uno o se apiada y amenaza a aquel otro,[90]
Y domina a Corioles en el nombre de Roma
Tanto como a un servil lebrel en la traílla
Para soltarlo a gusto.

Cominio:

                    ¿Dónde está aquel esclavo
Que dijo que os habían echado a las trincheras?
¿En dónde está? Traedlo.

Marcio:

                    No, dejadlo tranquilo;
Informó la verdad. En cuanto a nuestros nobles,
Nuestros soldados rasos –¡peste!, ¡tribunos a
    [ésos!–,[91]
No huye el ratón del gato como ellos se asustaron
De truhanes aun peores.

Cominio:

                  Pero, ¿cómo triunfasteis?

Marcio:
¿Va a alcanzarnos el tiempo para contar? No creo.
¿Dónde está el enemigo? ¿Sois dueños de la lid?
Si no, ¿por qué cesáis antes de serlo?

---

[90] "Rescata a uno o se apiada" (*ransoming him or pitying*): libera a cambio de un rescate o por piedad.

[91] "Nobles" (*gentlemen*): en sentido irónico, como se advierte a continuación. "Soldados rasos": *common file*, fila de soldados rasos ("comunes") en formación, integrada por plebeyos.

Cominio:

                              Marcio,
Hemos en desventaja peleado y en verdad
Nos retiramos para servir a nuestros fines.

Marcio:

¿Cómo han puesto su ejército? ¿Sabéis vos en qué
    [parte
Situaron a sus hombres de confianza?

Cominio:

                              Según
    [supongo, Marcio,
Las filas de vanguardia se componen de anciates,[92]
En los que más confían; sobre ellos está Aufidio,
El propio corazón de su esperanza.

Marcio:

                              Os ruego,
Por todas las batallas en las que hemos peleado,
Por la sangre que juntos vertimos, por los votos
De amistad que hemos hecho, que vos
    [directamente
Me coloquéis enfrente de Aufidio y sus anciates,
Y que no retraséis lo actual, sino que alzando
Hasta llenar el aire las espadas y lanzas
Pongamos la hora a prueba.

---

[92] "Anciates" (naturales de la ciudad volsca de Ancio, de donde Plutarco cuenta que era Aufidio): *Antiates*, enmienda de A. Pope; en la primera edición en folio, *Antients*, evidente errata.

Cominio:

                      Por más que mi deseo
Sería que os llevaran a un baño grato y suave
Y os aplicaran bálsamos, no osaría negaros
Jamás lo que pedís. Seleccionad a aquellos
Que más puedan serviros en la acción.[93]

Marcio:

                      Serán quienes
Más lo quieran. Si es que hay alguno tal aquí
—Es pecado dudarlo— que aprecie esta pintura
En que me veis manchado, si hay alguno que tema
Menos por su persona que a una mala opinión,[94]
Que halle a una brava muerte mejor que el vivir
      [mal
Y que su patria es más valiosa que sí mismo,
Que ése solo, o bien tantos como piensen así,
Ahora expresen con esta señal su voluntad
Y vengan tras de Marcio.[95]

(Todos gritan y agitan las espadas, lo alzan en brazos y arrojan las gorras al aire.)

---

[93] En Plutarco, Marcio pregunta cómo está dispuesto el enemigo y dónde se ubican sus mejores hombres, Cominio contesta que cree que los belicosos y bravos anciates están en el centro, Marcio pide ser ubicado frente a ellos y Cominio asombrado se lo concede; lo que resta de la escena no tiene más antecedentes en esa fuente.

[94] "Pintura..." (*painting...*): la sangre. "Menos por": *lesser*, enmienda de la tercera edición en folio; en la primera, *lessen*, "empequeñecer, rebajar"; N. Rowe enmienda por *less for*, "menos por".

[95] "Con esta señal" (*thus*): Marcio hace el gesto que todos reproducirán según indica la acotación inmediata.

¿De mí solo? ¿Vosotros hacéis de mí una espada?[96]
Si esto no es muestra externa, ¿quién de vosotros no es
Igual a cuatro volscos? No hay de vosotros nadie
Incapaz contra el gran Aufidio de llevar
Un escudo tan duro como el de él. Sólo algunos
Aunque agradezco a todos, debo escoger de todos.
El resto ha de llevar la causa en otra lucha,
Según lo exija el caso.[97] Por favor, desfilad,
Y cuatro han de extraer pronto para mi mando
A los mejor dispuestos.[98]

---

[96] *O'me alone? Make you a sword of me?*, enmienda de C. J. Sisson a partir de J. P. Collier; en la primera edición en folio, *Oh me alone, make you a sword of me:*, "Oh, (de) mí solo, hacéis (o 'haced') de mí una espada."; C. F. Tucker Brooke, a partir de una conjetura recogida por W. A. Wright, adjudica este verso sin enmendar a "Soldados"; según aquella enmienda al texto, seguida por la traducción, Marcio pregunta si están convirtiéndolo en una espada levantada en el aire de acuerdo con su exhortación anterior ("alzando / Hasta llenar el aire las espadas"); según la otra posibilidad, cada soldado pide ser él solo (de acuerdo con lo que acaba de decir Marcio, "Que ése solo...") "espada" (metonimia por "espadachín, soldado armado de espada") de Marcio.

[97] *The rest shall bear the business in some other fight, / As cause will be obeyed*: los traductores suelen interpretar erróneamente este verso y medio; la idea es claramente que los demás lucharán en otras partes de esta misma batalla donde hagan falta, no en otra batalla.

[98] "Cuatro": *foure* (*four*); H. N. Hudson, a partir de una conjetura de E. Capell, enmienda por *I*, "yo", en la idea de que esa palabra de una letra manuscrita por Shakespeare fue confundida con un 4, ya que Marcio acaba de decir que debe escoger él; con todo, "debo escoger" puede entenderse como una manifestación general, no forzosamente con el sentido literal de que él vaya a ejecutarla en persona; si se adoptara la enmienda, la traducción sería "Y yo con rapidez extraeré a mi comando...".

Cominio:
                    Desfilad, mis amigos.
Llevad a cabo bien esta demostración
Y compartiréis todo con nosotros.[99]

(*Salen.*)

---

[99] "Demostración" (*ostentation*): "muestra de valor" (C. F. Tucker Brooke); "demostración (de apoyo)" (L. Bliss). "Compartiréis todo" (*you shall divide in all*): el honor, y acaso también el botín de guerra.

ESCENA VII

[*Corioles.*]

(*Tito Larcio, tras disponer una guardia en Corioles, dirigiéndose con un tambor y un trompeta hacia Cominio y Cayo Marcio, entra con un lugarteniente, otros soldados y un guía.*)

Larcio:
Custodiad bien las puertas. Cumplid vuestros
      [deberes
Según lo que he ordenado. Si os lo requiero, enviad
De auxilio esas centurias. Bastará con el resto
Para un breve dominio. Si perdemos el campo,
Nos quitan la ciudad.

Lugarteniente:
                No os preocupéis, señor.

Larcio:
En marcha, y cerrad bien las puertas tras nosotros.
Vos, guía, al campamento romano conducidnos.

[*Salen.*]

ESCENA VIII

[*Cerca de Corioles.*]

(*Toque al arma, como en una batalla. Entran Marcio y Aufidio por distintas puertas.*)

Marcio:
Quiero pelear contigo solamente, pues te odio
Mucho más que a un perjuro.

Aufidio:
                    Por igual nos
    [odiamos.[100]
No hay serpiente en toda África que yo aborrezca más
Que tu fama y envidia.[101] Planta tus pies, en
    [guardia.

Marcio:
¡Que el primero en rehuir muera esclavo del otro
Y después lo condenen los dioses!

---

[100] Plutarco no introduce a Aufidio hasta mucho más adelante, cuando Marcio va a Ancio, pero en ese momento afirma que ambos habían intercambiado amenazas y desafíos en batallas en que se habían enfrentado, y que de allí provenía un odio personal mutuo añadido al que había entre sus respectivos pueblos.

[101] "Tu fama y envidia": *thy fame and envy*, que L. Bliss interpreta como endíadis, "tu envidiada fama", o como "tu fama y (la) envidia (que ésta ocasiona)", o con *envy* como verbo, "(que yo aborrezca más que) tu fama y envidie"; C. F. Tucker Brooke sugiere, dubitativamente, interpretar "rivalidad en la fama"; E. Malone proponía para *envy* el sentido de "malicia". A continuación, la aliteración en "planta tus pies" recrea la del original, *fix thy foot*.

Aufidio:

                          Si huyo, Marcio,
Persígueme como a una liebre a gritos.

Marcio:

                            Hace tres
    [horas, Tulo,
Peleé solo entre vuestras murallas de Corioles
Y allí obré a mi placer. No es mi propia sangre esta
Que ves que me enmascara. Si pretendes vengarte,
Alza tu fuerza al máximo.

Aufidio:

                        Ni aun si tú fueras Héctor,
El látigo de vuestra jactanciosa progenie,
Lograrías librarte de mí aquí.[102]

(*Aquí pelean, y algunos volscos vienen en ayuda de Aufidio. Marcio pelea hasta hacerlos retroceder sin aliento.*)[103]

Serviles, no valientes, me habéis avergonzado
Secundándome en forma condenable.

            [*Salen.*]

---

[102] "Héctor": máximo héroe troyano. "Látigo" (*whip*): esto es, el "instrumento" con que los troyanos "castigaban" a los aqueos (griegos) durante la guerra de Troya. "Jactanciosa progenie" (*bragged progeny*): los romanos se jactaban de descender del troyano Eneas.
[103] J. D. Wilson traslada la segunda parte de esta acotación al final de la escena, en la idea de que debería ser posterior a las siguientes palabras de Aufidio.

ESCENA IX

[*Cerca de Corioles.*]

(*Toque al arma. Toque a retirada. Trompetas.*[104] *Entra por una puerta Cominio con los romanos; por la otra puerta Marcio con un brazo en cabestrillo.*)

Cominio:
Si tuviera que hablarte de tu obra en la jornada,
No creerías tus hechos. Pero he de referirlos
Donde los senadores mezclarán llanto y risa;
Donde han grandes patricios de oír y alzar los
  [hombros,
Para al fin admirarse; donde asustadas damas
Oirán con temblor grato; donde sosos tribunos
Que con la rancia plebe tus honores detestan,
Dirán contra su espíritu: "Gracias a nuestros dioses
Porque Roma posee semejante soldado".
Y aun has llegado para los restos del festín
Después de una comida completa.[105]

(*Entra Tito* [*Larcio*] *con sus fuerzas, desde la persecución.*)

---

[104] E. Malone desplazó hasta aquí "trompetas" (*flourish*), que en la primera edición en folio está al principio de la acotación. En Plutarco, los hechos dramatizados durante esta escena tienen lugar al día siguiente de la batalla, tras la llegada de Tito Larcio; Shakespeare condensa tiempos.
[105] Marcio llegó cuando el "festín" de esta batalla ya estaba avanzado, después de haberse hecho otro "festín" completo en Corioles.

Larcio:

                    Oh, general,
He aquí el corcel, nosotros sólo meros jaeces.[106]
Si hubieras visto...

Marcio:

                    Basta ya, por favor. Mi madre,
Que para loar su sangre posee privilegio,
Cuando en verdad me alaba, me aflige.[107] Hice tan
    [sólo
Lo que hicisteis, esto es, lo que puedo; inducido
Por lo que os ha inducido, que es decir por mi
    [patria.
Quien sólo haya seguido su buena voluntad
Superó mi actuación.

Cominio:

                    No vais a ser la tumba
De vuestros propios méritos. Roma ha de conocer
El valor de sí misma. Sería ocultamiento
Mucho peor que un robo, no menos que calumnia,
Esconder vuestros hechos y silenciar lo que
Atestiguado con la cima del elogio
Sonaría modesto. Por lo tanto os suplico
Que, en señal de qué sois, no como recompensa
Por lo que vos hicisteis, me oigáis frente al ejército.

---

[106] "Jaeces": *caparison*, palabra empleada por T. North, en su versión de Plutarco, para describir el regalo de Cominio a Marcio que se verá luego durante la escena en curso. S. Johnson glosa este verso así: "Este hombre ejecutó la acción, y nosotros sólo rellenamos el espectáculo".

[107] El rechazo de Marcio por las alabanzas, aquí y en otras partes de la obra, no tiene antecedentes en Plutarco.

Marcio:
Tengo algunas heridas en mí, y ellas escuecen
De oírse recordadas.

Cominio:
                    Pues de no oírse así,
Podrían ulcerarse por tal ingratitud
Y vendarse con muerte. De todos los caballos
Que en buen número y buenos capturamos, de
    [todos
Los tesoros logrados aquí y en la ciudad,
Os cedemos un décimo, para que os lo toméis
Antes de la común distribución, según
Vuestra sola elección.

Marcio:
                    General, muchas gracias,
Pero mi corazón no puede consentir
Un soborno que pague mi espada. Lo rehúso
Y me atengo a mi parte común con la de aquellos
Que observaron la acción.[108]

(*Largo toque de trompetas. Todos gritan: "¡Marcio! ¡Marcio", arrojan al aire sus gorras y lanzas. Cominio y Larcio permanecen descubiertos.*)[109]

¡Nunca esos instrumentos que profanáis vosotros

---

[108] "Observaron": *beheld*; E. Capell enmienda por *upheld*, "sostuvieron"; aunque menos "lógica", la versión de la primera edición en folio es mucho más ilustrativa del carácter de Marcio, cuya soberbia aflora hasta en la humildad.

[109] "Descubiertos" (*bare*): con la cabeza descubierta en señal de respeto.

Suenen de nuevo! Cuando tambores y trompetas
Adulen en la lucha, que cortes y ciudades
Sean pura lisonja. Cuando el acero se haga
Blando como la seda del parásito, que a éste
Se le haga una propuesta de guerra.[110] ¡Basta, digo!
Porque no me he lavado la nariz que me sangra
O abatí a un pobre diablo, lo cual sin ser notados
Muchos más que aquí están han hecho, me
    [aclamáis
Hiperbólicamente, como si me gustara
Para mis pequeñeces una dieta de elogios
Condimentados con mentiras.

Cominio:
                            Muy modesto
Sois y con vuestra fama más cruel que agradecido
Con los que os la otorgamos sinceros. Con
    [licencia,
Si estáis contra vos mismo colérico, os pondremos,
Como a alguien que pretende su propio daño,
    [grillos
Y así razonaremos con vos a salvo. El mundo,
Al igual que nosotros, sepa que a Cayo Marcio
Le cabe la guirnalda de esta guerra, y en premio
El noble corcel mío, bien conocido aquí,

---

[110] "Acero" (*steel*): las armaduras de los guerreros. "Seda del parásito" (*parasite's silk*): vestidos de seda de los parásitos sociales. "Propuesta": *overture*; entre las varias conjeturas respecto a este pasaje, algo incoherente como suelen ser las tiradas de Marcio cuando está airado, y de versificación un tanto dudosa, G. Steevens enmienda por *coverture*, "(un) disfraz", y P. Brockbank, a partir de una conjetura de H.M. Hulme, por *ovator*, "(un) ovacionado".

Se lo entrego con todo su ornamento; y desde
   [ahora,
Por lo que ante Corioles hizo él, lo llamaremos,
Con todos los aplausos y el clamor de las huestes,
Marcio Cayo Coriolano;
¡Para siempre llevad la adición noblemente![111]

(*Toque de trompetas y tambores.*)

Todos [los soldados]
¡Marcio Cayo Coriolano!

Coriolano:[112]
Voy a ir ahora a lavarme,
Y cuando tenga limpia la cara advertiréis
Si me sonrojo o no. Con todo, os doy las gracias.
Pienso montarme en vuestro corcel, y en todo tiempo

---

[111] "Marcio Cayo": este orden incorrecto de los nombres se reitera enseguida, y luego sendas veces en las dos primeras escenas del próximo acto, siempre en cercanía del sobrenombre "Coriolano", mientras que en otras trece ocasiones está enunciado en el orden correcto, "Cayo Marcio"; parece improbable que haya en aquellos cuatro casos un error de imprenta, como entienden los editores que, en su mayoría, enmiendan por el orden correcto; siguiendo la irregularidad métrica del original, la traducción acude aquí y en el segundo verso subsiguiente al octosílabo. "Adición": el sobrenombre agregado. Los hechos narrados por Plutarco que inspiran lo que va de esta escena son: Cominio agradece a los dioses, elogia a Marcio y le ofrece la décima parte del botín, además de su propio caballo enjaezado; Marcio rechaza lo primero y acepta lo segundo, además de la parte común que le corresponde, y pide gracia para un hombre de Corioli (Corioles), según se verá aquí poco más adelante: entonces es aclamado y, cuando los gritos cesan, Cominio le otorga el sobrenombre.

[112] Enmienda de G. Steevens; la primera edición en folio sigue encabezando "Marcio" hasta el final de la escena.

Encrestarme con vuestra buena adición al máximo
Que puedan dar mis fuerzas.[113]

Cominio:

                        Vamos a nuestra tienda,
Donde antes de tomarnos descanso escribiremos
A Roma de nuestro éxito. Vos debéis, Tito Larcio,
Regresar a Corioles.[114] Enviadnos hacia Roma
A los mejores, para con ellos negociar
Sobre su bien y el nuestro.

Larcio:

                        Señor, así lo haré.

Coriolano:
Ya los dioses se burlan de mí. Rehusé hace poco
Regalos principescos, y ahora he de mendigaros,
Mi señor general.

Cominio:

                  Os lo concedo. ¿Qué es?

---

[113] "Encrestarme con": *undercrest*, "sostener como sobre una cresta" (OED, que ofrece este único testimonio del término, acaso acuñado por Shakespeare); la imagen sugerida es que él irá debajo (*under*) del sobrenombre, por lo tanto sosteniéndolo en alto, como si éste fuera una cresta (crestón del casco, con un probable matiz de soberbia), algo no demasiado distinto de lo que sugiere "encrestarse" ("poner dura la cresta").

[114] Los desplazamientos de Tito Larcio son un tanto confusos; en la primera escena del próximo acto se indica su entrada a Roma con el desfile triunfal, si bien no tiene texto asignado; en la escena subsiguiente, Menenio dice que acaban de enviar por él (a Corioles), y, al comienzo de la primera escena del acto tercero, él trae noticias de Aufidio, sin que se le asigne luego más texto ni se indique su salida.

Coriolano:
Cierta vez en Corioles yo me alojé en la casa
De un hombre humilde, que me trató
        [amablemente.
Él me gritó; lo vi que estaba prisionero,
Pero tenía a Aufidio yo entonces en mi vista,
Y la furia abrumó mi piedad. Os imploro
Para mi humilde huésped libertad.[115]

Cominio:
                            ¡Buen pedido!
Si él fuera el carnicero de mi hijo, quedaría
Tan libre como el viento. Bien, Tito, liberadlo.

Larcio:
Marcio, ¿cuál es su nombre?

Coriolano:
                            ¡Lo he olvidado, por
        [Júpiter!
Estoy exhausto; sí, se agotó mi memoria.
¿Tenemos vino aquí?

Cominio:
                    Vamos a nuestra tienda.

---

[115] En Plutarco, el antiguo "huésped" ("persona que hospeda en su casa a uno", DRAE, 4), cuyo nombre no es "olvidado" sino simplemente no mencionado, no es pobre, sino que Marcio pide su libertad para evitarle que pase de ser rico a ser vendido como esclavo; es significativo este cambio que introduce Shakespeare en cuanto a su protagonista, quien no ve con buenos ojos a la plebe en su conjunto pero aquí recuerda y salva a un plebeyo en particular (por lo demás no romano).

La sangre en vuestro rostro se está secando; es
    [hora
De prestarle atención. Vayamos, pues.

(Salen.)

ESCENA X

[*Cerca de Corioles.*]

(*Toque de cornetas.*[116] *Entra Tulo Aufidio, ensangrentado, con dos o tres soldados.*)

Aufidio:
La ciudad fue tomada.

[Un] soldado:
Hasta que la liberen con buenas condiciones.[117]

Aufidio:
¡Condiciones!
Quisiera ser romano, puesto que yo no puedo,
En tanto volsco, ser lo que soy. ¡Condiciones!
¿Qué buenas condiciones puede hallar un tratado
En quien está a merced? Marcio, ya cinco veces
He peleado contigo; me venciste otras tantas,
Y creo que eso harías aun si nos encontráramos
Tantas como comemos. ¡Ah, por los elementos,
Si alguna vez me topo barba a barba con él,
Será mío o yo suyo! Mi emulación desde ahora

---

[116] J. Jowett traslada esta parte de la acotación al final de la escena anterior, por encontrarla más apropiada a la salida triunfal de los romanos que a la entrada de volscos en derrota, si bien en la continuidad de una escena a otra no se advertirá mayormente la diferencia. La "corneta" (*cornet*) renacentista era una especie de corno hecho con colmillo de animal o madera forrada en cuero. Esta escena no tiene antecedentes en Plutarco.

[117] "Con buenas condiciones" (*on good condition*): "en términos favorables", pero Aufidio jugará con el sentido de "en buen estado".

Carece del honor que tenía, pues aunque
Esperé aplastarlo antes en igualdad de fuerzas,
Espada contra espada, quiero ensartarlo como
La ira o la astucia puedan conseguirlo.[118]

[Un] soldado:

                                      Es el diablo.

Aufidio:
Más audaz, aunque no tan sutil. Mi valor
Se envenenó al sufrir sus manchas, y por él
Se saldrá de sí mismo. Ni sueño ni santuario,
Estar desnudo, enfermo, templo ni Capitolio,
Rezos de sacerdotes ni horas de sacrificio,
Embargos de la furia,[119] van a poder alzar
Sus rancios privilegios y costumbres en contra
Del odio mío a Marcio. Donde lo halle, aunque sea
En mi casa, al cuidado de mi hermano, aun allí
Contra el canon del huésped, lavaré mi feroz
Mano en su corazón. Idos a la ciudad;
Ved cómo la custodian y quiénes han de ser
Los rehenes de Roma.

[Un] soldado:

                              ¿No vendréis también vos?

---

[118] "Ensartarlo" (*potch at him*): "el término vulgar cuadra a la deserción del combate honorable por parte de Aufidio" (L. Bliss); por lo demás, su cambio de actitud es premonitorio.

[119] "Embargos" (*embarquements*): "impedimentos, obstáculos" (DRAE, 2).

Aufidio:
Me esperan en el bosque de cipreses. Os ruego
–Al sur de los molinos de la ciudad– que allí
Me informéis qué es del mundo, para que según
      [marcha
Yo espolee mi viaje.

[Un] soldado:
                  Señor, así lo haré.

[Salen por separado.]

ACTO II

ESCENA I

[*Roma.*]

(*Entra Menenio con los dos tribunos de la plebe, Sicinio y Bruto.*)[120]

Menenio:
El augur me dice que tendremos noticias esta noche.

Bruto:
¿Buenas o malas?

Menenio:
No acordes a la plegaria del pueblo, pues no quiere a Marcio.

---

[120] Los hechos dramatizados en esta escena no provienen de Plutarco, quien, tras referir la imposición del nombre "Coriolano" por parte de Cominio tras la batalla, pasa a ocuparse de la subsiguiente escasez de comida en Roma, la nueva rebelión de la plebe, el intento de aplacarla enviando a unos a una colonia y alistando a otros para la guerra, la oposición a esto por parte de Sicinio y Bruto y la actitud no conciliadora para con la plebe por parte de Marcio, quien reclutó a los pocos que quisieron y al mando de ellos hizo una incursión exitosa, de la que volvió con cereal como parte del botín, para odio de los que se negaban a alistarse. Mediante la entrada triunfal, Shakespeare realza el carácter de héroe público de su protagonista.

Sicinio:
La naturaleza enseña a las bestias a reconocer a sus amigos.

Menenio:
Por favor, ¿a quién aprecia el lobo?

Sicinio:
Al cordero.[121]

Menenio:
Sí, para devorarlo, como la plebe hambrienta querría hacer con el noble Marcio.

Bruto:
Él es un cordero, sí, que bala como un oso.

Menenio:
Es un oso, sí, que vive como un cordero. Vosotros dos sois ancianos; decidme una cosa que he de preguntaros.

Ambos [tribunos]:
Bien, señor.

Menenio:
¿En qué enormidad es Marcio pobre que vosotros dos no tenéis en abundancia?[122]

---

[121] "Todo animal según su especie se une, / a su semejante se adhiere el hombre. / ¿Cómo podrá convivir lobo con cordero? / Así el pecador con el piadoso. / ¿Qué paz puede tener la hiena con el perro? / ¿qué paz el rico con el indigente?" (*Eclesiástico*, XIII.16-18).

[122] "Enormidad" (*enormity*, etimológicamente "lo que sale de la norma"): "exceso de maldad" (DRAE, 2), "defecto".

Bruto:
Él no es pobre en ningún defecto, los almacena todos.

Sicinio:
Especialmente el orgullo.

Bruto:
Y por encima de todos los demás la jactancia.

Menenio:
Es extraño. ¿Sabéis vosotros dos cómo os censuran aquí en la ciudad?, quiero decir nosotros los de la fila derecha.[123] ¿Sabéis?

Ambos [tribunos]:
¿Por qué? ¿Cómo nos censuran?

Menenio:
Ya que habláis ahora de orgullo, ¿no os enfadaréis?

Ambos [tribunos]:
Bien, bien, señor; bien.

---

[123] "Os censuran" (*you are censured*): "os juzgan" ("censurar: formar juicio de una obra u otra cosa", DRAE, 1). "De la fila derecha" (*o'th'-right-hand file*): esto es, los patricios, "más fuertes" como es generalmente la mano derecha respecto de la izquierda, y también según el sitio de honor que se atribuía en una fila a los militares más destacados; la idea de "derecha política", que cuadra perfectamente al caso, es sin embargo posterior a Shakespeare, ya que surgió a partir de la Revolución Francesa (los primeros testimonios que cita el OED del uso de *right*, "derecha", con ese sentido son del siglo XIX).

Menenio:
Caramba, no es gran cosa. Pues una pequeña ladrona de la ocasión va a robaros una gran cantidad de paciencia.[124] Dad las riendas a vuestras propensiones y enfadaos a placer, al menos si tomáis como un placer estar así. ¿Acusáis a Marcio de ser orgulloso?

Bruto:
No somos nosotros solos los que lo hacemos, señor.

Menenio:
Ya sé que vosotros podéis hacer muy poco solos; pues vuestras ayudas son numerosas, de lo contrario vuestras acciones se volverían asombrosamente nulas.[125] Vuestras habilidades son demasiado infantiles como para que podáis hacer mucho solos. Habláis de orgullo. ¡Ah, si pudierais girar los ojos hacia vuestras nucas y hacer nada más que una inspección interior de vuestras buenas personas![126] ¡Ah, si pudierais!

Bruto:
¿Qué ocurriría entonces, señor?

---

[124] *For a very little thief of ocassion will rob you of a great deal of patience*: esto es, "la más mínima ocasión (motivo, pretexto) os quitará mucha paciencia".

[125] "Numerosas / nulas": *many* ("muchas") / *single* ("solitarias, simples, débiles", pero también jugando con la idea numérica de "singular" como opuesta a la de plural implicada en *many*, "muchas").

[126] Según una fábula de Esopo, Zeus suministró a cada hombre una alforja, una de cuyas bolsas, que va colgada sobre el pecho y en consecuencia por delante de los ojos, contiene los defectos del prójimo, mientras que la otra va colgada por la espalda, fuera de la vista, y contiene los propios defectos; Shakespeare alude a esta fábula en *Troilo y Crésida*, III.iii.

Menenio:
Caramba, entonces descubriríais a un par de magistrados inmerecedores, orgullosos, testarudos, alias necios, como no los hay en Roma.

Sicinio:
Menenio, vos también sois muy conocido.

Menenio:
Soy conocido como un patricio humoroso, y que aprecia una copa de vino caliente sin una sola gota de aleación del Tíber;[127] con fama de algo imperfecto por favorecer a la primera exposición de quejas;[128] apresurado como yesca en mociones demasiado triviales; que conversa más con las nalgas de la noche que con la frente de la mañana. Lo que pienso lo expreso, y agoto mi malevolencia en mi aliento.[129] Al encontrarme con dos estadistas como vosotros –no puedo llamaros licurgos–, si la bebida que me dais cae a mi paladar adversamente, le pongo cara torcida.[130] No puedo decir que

---

[127] "Humoroso" (*humorous*): gobernado por los humores, según la concepción isabelina derivada de Galeno. "Aleación del Tíber" (*allaying Tiber*): aunque los antiguos acostumbraban beber el vino diluido con agua, Menenio dice preferirlo puro, sin mezcla ("aleación") de agua (del río Tíber, que atraviesa Roma).

[128] Esto es, por favorecer al demandante en una causa judicial ni bien expone su demanda, antes de escuchar a la otra parte.

[129] "Aliento" (*breath*): el que expele al hablar, esto es, palabras.

[130] "Licurgos": por Licurgo, a quien se atribuye el dictado de las leyes fundamentales de Esparta; Plutarco, en un pasaje de su "Vida de Licurgo", sostiene que éste comenzó a idear cómo transformar completamente el gobierno del estado, lo que, sugeriría Menenio, están intentando hacer estos tribunos sin la sabiduría del espartano. "Si la bebida... cara torcida": "si no me gusta lo que decís, lo veréis en mi cara" (L. Bliss).

vuestras señorías se hayan pronunciado bien en el asunto, cuando encuentro al asno en compuesto con la mayor parte de vuestras sílabas.[131] Y aunque debo contentarme con tolerar a los que dicen que sois hombres serios y venerables, sin embargo mienten mortalmente los que dicen que tenéis buena cara.[132] Y si veis esto en el mapa de mi microcosmos, ¿se sigue que yo soy muy conocido también?[133] ¿Qué daño pueden espigar vuestras ciegas vistidades, si es que yo soy muy conocido también?[134]

Bruto:
Vamos, señor, vamos; os conocemos muy bien.

Menenio:
Vosotros no me conocéis, ni a mí, ni a vosotros mismos, ni nada. Sois ambiciosos de gorras y rodillas de pobres truhanes.[135] Os gastáis una buena mañana saludable oyendo un caso entre una naranjera y un ven-

---

[131] "No puedo": *cannot*, enmienda de E. Capell; en la primera edición en folio, *can*, "puedo", que P. Brockbank retiene, en la idea de que se trata de una afirmación irónica. "En compuesto" (*in compound*): como se dice de una palabra compuesta, y también como está compuesta por sílabas una palabra.

[132] "Buena" (*good*): "bondadosa" y/o "apuesta".

[133] "Esto" (*this*): su carácter, como dirá enseguida. "Mapa de mi microcosmos": la cara, en que se refleja su microcosmos o pequeño mundo, reflejo a su vez del macrocosmos o universo, según la concepción isabelina.

[134] "Vistidades": *conspectuities*, palabra acuñada a partir de *conspectus*, que en latín y en inglés significa "vista".

[135] "Gorras y rodillas" (*caps and legs*, literalmente "gorras y piernas"): saludos de respeto quitándose la gorra (o aclamaciones arrojándolas al aire) y doblando la rodilla en reverencia.

dedor de grifos, y luego posponéis la controversia de tres peniques para un segundo día de audiencia.¹³⁶ Cuando estáis oyendo un asunto entre parte y parte, si por azar os punza un cólico, hacéis caras como los mimos, levantáis bandera sangrienta contra toda paciencia, y, rugiendo por un orinal, rechazáis la controversia aún sangrante de lo más enmarañada por vuestra audiencia.¹³⁷ Toda la paz que hacéis en el caso es llamar a ambas partes truhanes. Sois un par extraordinario.

Bruto:
Vamos, vamos, bien se sabe que sois más perfecto chistoso para la mesa que necesario ocupante de una banca en el Capitolio.

Menenio:
Nuestros mismísimos sacerdotes se pondrían burlones si llegaran a toparse con tipos tan ridículos como vosotros.¹³⁸ Cuando habláis más a propósito, no vale ni el meneo de vuestras barbas, y vuestras barbas no merecen una tumba tan honorable como rellenar el cojín de un remendón o ser sepultadas en la albar-

---

136 "Peniques": moneda inglesa, no romana. Shakespeare atribuye a los tribunos facultades judiciales que en realidad no tenían.
137 "Bandera sangrienta" (*bloody flag*): bandera roja, de declaración de guerra. "Aún sangrante" (*bleeding*): sin resolución, como una herida abierta.
138 "Tipo(s)" ("individuo, hombre, frecuentemente con matiz despectivo" y "modelo, ejemplar", DRAE, 8 y 1): *subject(s)*, "súbdito" (ciudadano sujeto al poder político) y "tema" (de burla). El punto que cierra esta frase es enmienda de la cuarta edición en folio; en la primera, hay allí una coma, y un punto luego de *purpose*, "propósito".

da de un asno.[139] Sin embargo tenéis que andar diciendo que Marcio es orgulloso, el que en un cálculo avaro vale por todos vuestros predecesores desde Deucalión, aunque por ventura algunos de los mejores entre ellos hayan sido verdugos hereditarios.[140] Buenas tardes a vuestras señorías. Más de vuestra conversación me infectaría el cerebro, siendo como sois los pastores de los bestiales plebeyos. Tendré la osadía de despedirme de vosotros.

(*Bruto y Sicinio* [*se hacen*] *a un lado.*)
(*Entran Volumnia, Virgilia y Valeria.*)

¿Qué tal, mis damas tan bellas como nobles –y la luna, si fuera terrenal, no sería más noble–, adónde dirigís vuestros ojos con tanta prisa?[141]

Volumnia:
Honorable Menenio, mi muchacho Marcio se aproxima; por el amor de Juno, vamos.[142]

Menenio:
¿Ah? ¿Marcio vuelve a casa?

---

[139] "Meneo de vuestras barbas": movimientos de la barba al hablar. "Cojín de un remendón": sobre el cual se sienta para trabajar.

[140] "Deucalión": suerte de Noé de la mitología grecorromana, él y su esposa fueron los únicos a quienes Zeus (Júpiter para los romanos) permitió sobrevivir al diluvio que destruyó al resto de la viciosa raza humana a fines de la Edad de Bronce. "Verdugos": oficio muy poco estimado en la Inglaterra de Shakespeare.

[141] "La luna": Diana, diosa virgen identificada por los romanos con la luna.

[142] "Juno": hermana y esposa de Júpiter, supremo dios romano.

Volumnia:
Sí, digno Menenio, y con la más próspera aprobación.[143]

Menenio:
Ten mi gorra, Júpiter, y gracias.[144] ¡Hurra! ¡Marcio vuelve a casa!

Volumnia y Virgilia:
Pues es verdad.

Volumnia:
Mirad, aquí tengo una carta de él. El estado tiene otra; la esposa otra, y creo que tenéis en casa una para vos.

Menenio:
Voy a hacer tambalearse aun mi propia casa esta noche.[145] ¿Una carta para mí?

Virgilia:
Sí, seguro, hay una carta para vos; yo la vi.

Menenio:
¡Una carta para mí! Me otorga una herencia de siete años de salud, tiempo durante el cual voy a hacerle una mueca al médico. La más soberana prescripción de Galeno no es más que empiricéutica y, frente a es-

---

[143] "Próspera" (*prosperous*): "favorable, venturosa" (OED, DRAE). "Aprobación" (*approbation*): "probación, prueba, confirmación" (OED, 1, y DRAE, 2).
[144] Menenio arroja la gorra al aire, como los plebeyos.
[145] "Tambalearse" (*reel*): con la sugerencia de "por la borrachera".

te preservador, de no mejor fama que una poción para caballos.[146] ¿No está herido? Él tenía por costumbre volver a casa herido.

Virgilia:
¡Oh, no, no, no!

Volumnia:
Oh, sí, está herido, doy gracias a los dioses.

Menenio:
Yo también, si no lo está demasiado. ¿Trae en la bolsa una victoria? Las heridas le quedan bien.[147]

Volumnia:
Sobre la frente.[148] Menenio, vuelve a casa por tercera vez con la guirnalda de roble.[149]

Menenio:
¿Ha disciplinado a Aufidio con firmeza?[150]

---

[146] "Galeno" (129 - 199): médico del emperador romano Marco Aurelio y autor de un voluminoso tratado que dominó la práctica médica hasta la Edad Moderna; para la época en que transcurre la acción, su mención es un anacronismo. "Empiricéutica": *empiricutic*, otra palabra acuñada por Menenio, mezcla de *empiric*, "empírica", y *pharmaceutic*, "farmacéutica". "Este preservador" (*this preservative*): la carta.

[147] T. Hanmer enmienda la puntuación cambiando el signo de interrogación por una coma que une las dos últimas oraciones; pero la unión semántica de ambas proposiciones se da naturalmente sin necesidad de tal enmienda, y a continuación Volumnia responde a la pregunta.

[148] Esto es, no "en la bolsa" (con gloria, no con riqueza).

[149] L. Theobald enmienda la puntuación por "Sobre la frente, Menenio; vuelve...".

[150] "Disciplinado" (*disciplined*): "azotado" (DRAE, "disciplinar", 2), como un padre a un hijo o un maestro a un discípulo.

Volumnia:
Tito Larcio escribe que se enfrentaron, pero Aufidio escapó.

Menenio:
Y también era el momento para él, se lo garantizo; si se hubiera quedado cerca, no querría haber estado yo así de aufidiado ni por todos los cofres de Corioles y el oro que contienen.[151] ¿Está el senado al corriente de esto?

Volumnia:
Buenas damas, vamos. Sí, sí, sí; el senado tiene cartas del general, en las que da a mi hijo el nombre entero de la guerra.[152] En esta acción ha superado doblemente sus antiguas proezas.

Valeria:
A fe, dicen cosas asombrosas de él.

Menenio:
¿Asombrosas? Sí, os lo garantizo, y no sin que las haya adquirido de verdad.[153]

Virgilia:
Quieran los dioses que sea de verdad.

---

[151] "Aufidiado" (esto es, "en el lugar de Aufidio"): *fidiused*, verbo acuñado por Menenio a partir del nombre *Aufidius*, "Aufidio". "Cofres": *chests*, que también significa "pechos".
[152] "Nombre" (*name*): "fama, reputación, crédito" y "sobrenombre, apodo" –Coriolano– (DRAE, 3 y 4).
[153] "Que las haya adquirido" ("adquirir: ganar, conseguir con el propio trabajo o industria", DRAE, 1): *purchasing*, "adquisición (por mérito)".

Volumnia:
¿De verdad? Uf, uf.

Menenio:
¿De verdad? Juraré que son de verdad. ¿Dónde está herido?

[*A los tribunos.*]

¡Dios guarde a vuestras señorías! Marcio vuelve a casa; tiene más motivo para estar orgulloso.

[*A Volumnia.*]

¿Dónde está herido?

Volumnia:
En el hombro y en el brazo izquierdo. Habrá grandes cicatrices para mostrar al pueblo cuando él se presente para su puesto.[154] En la repulsa de Tarquino recibió siete heridas en el cuerpo.[155]

---

[154] Plutarco, al referirse a la presentación de Marcio para el consulado (*his place*, "su puesto") luego de la rebelión popular por escasez de alimentos, cuenta que era costumbre que el candidato mostrase sus heridas de guerra a los ciudadanos al solicitarles el voto; nada explicita, sin embargo, sobre que tal postulación respondiera a la voluntad de la madre, como hace aquí Shakespeare.

[155] "Repulsa de Tarquino": la batalla final contra el expulsado Tarquino el Soberbio, último rey de Roma.

Menenio:
Una en el cuello y dos en el muslo; son nueve, que yo sepa.[156]

Volumnia:
Antes de esta última expedición ya tenía veinticinco heridas.

Menenio:
Ahora son veintisiete. Cada tajo fue la tumba de un enemigo.[157]

(*Griterío y toque de trompetas.*)

Escuchad, las trompetas.

Volumnia:
Son ujieres de Marcio; por delante de sí
Él lleva siempre ruidos, y detrás deja lágrimas.[158]

---

[156] "Nueve": si "en el cuerpo" (*i'th'body*) significa "en el tronco" y a aquellas siete se suman estas tres en otras partes, el total sería en realidad diez; a menos que Menenio estuviera completando aquí su propia cuenta, comenzada en silencio con independencia de la afirmación de Volumnia; de todos modos, el disparate matemático continúa, acaso para resaltar la ironía de que importe más la contabilidad de las heridas que la persona que las recibió.

[157] La aliteración en "tajo / tumba" remeda la del original en *gash / grave*.

[158] "Ujieres" (*ushers*): porteros, criados reales que cuidan de la puerta (DRAE, "ujier de cámara"). Estos dos versos, que en la primera edición en folio aparecen como tres más breves (acaso por falta de espacio a lo ancho), suelen ser dispuestos como prosa por algunos editores. En cuanto al pareado rimado que viene a continuación, R. Grant White lo sospecha espurio; sin embargo, se trata de un recurso frecuente en Shakespeare para subrayar el fin de una escena o pasaje, que en este caso además implica el paso de la prosa al verso.

La muerte, oscuro espíritu, va en su brazo
    imponente,
Que se levanta y cae, y entonces muere gente.

(*Clangor. Suenan trompetas. Entran el general
Cominio y Tito Larcio; entre ellos, Coriolano, coronado con una guirnalda de roble; con capitanes y soldados y un heraldo.*)[159]

Heraldo:
Sabed, Roma, que Marcio completamente solo
Adentro de Corioles peleó, donde ha obtenido,
Junto con fama, un nombre para Marcio Cayo; a
    [éstos
Desde ahora ha de seguirles, como honor,
    ["Coriolano".[160]
¡Sed bienvenido a Roma, célebre Coriolano!

(*Toque de trompetas.*)

Todos:
¡Sed bienvenido a Roma, célebre Coriolano!

---

[159] "Suenan trompetas": R.B. Parker traslada este segundo toque al final de la acotación, como preludio de las palabras del heraldo. "General": en la próxima escena se indica la entrada del "cónsul" Cominio; probablemente lo que se indique sea que aquí ingresa con atavíos militares y allí con los consulares. "Tito Larcio": según las órdenes que le da Cominio en la novena escena del acto primero, y lo que dice Menenio al ingresar en la próxima escena, al presente de la acción Tito Larcio debería estar en Corioles.

[160] Traducción según la enmienda de G. Steevens, que suprime la reiteración de "Marcio Cayo" antes de "Coriolano".

Coriolano:
Suficiente, ya basta, me ofende el corazón.
Por favor, suficiente.

Cominio:

                Ved, señor, vuestra madre.

Coriolano:
¡Oh! Sé que habéis rogado vos a todos los dioses
Por mi prosperidad.

(Se arrodilla.)

Volumnia:

                No, buen soldado, arriba,

[*Coriolano se pone de pie.*][161]

Mi gentil Marcio, digno Cayo, y por un honor
Alcanzado con hechos recién denominado...
¿Cómo era? ¿"Coriolano" tengo ahora que
    llamarte?
Pero, oh, tu esposa.

Coriolano:

                ¡Salve, mi agraciado silencio![162]

---

[161] Diversos editores modernos introducen esta acotación en diferentes lugares, entre éste en un extremo y luego del primer verso que dirá seguidamente Coriolano en el otro.

[162] Plutarco, en su "Vida de Numa", cuenta que éste enseñó a los romanos a reverenciar a una musa que –siguiendo la versión inglesa de T. North– se llamaba *Tacita*, como si se dijera *Lady Silence* ("la señora Silencio").

¿Reirías si hubiera vuelto en un ataúd,
Tú que lloras al verme triunfal? Ah, mi querida,
Así tienen los ojos en Corioles las viudas,
Y madres ya sin hijos.

Menenio:

                ¡Los dioses te coronen!

[Coriolano:][163]
¿Y seguís aún con vida?

   [*A Valeria.*]

                Perdón, dulce señora.

Volumnia:
No sé adónde mirar. ¡Oh, bienvenido a casa!
General, bienvenido; bienvenidos a todos.

Menenio:
¡Y cien mil bienvenidas! Yo podría llorar
Y reír, de pesar y alivio.[164] Bienvenidos.
¡La maldición comience de raíz en el pecho
Del que no goce al verte! Sois tres a los que Roma
Debería adorar. Pero hay viejos manzanos

---

[163] Enmienda de L. Theobald; en la primera edición en folio, *Com.*, esto es, *Cominius*, "Cominio"; con todo, C. F. Tucker Brooke señala que, de corresponder este verso a Cominio, se explicaría mejor la primera frase del siguiente parlamento de Volumnia.

[164] "De pesar y alivio" reproduce mínimamente el juego de palabras del original, *I am light and heavy*, "me siento alegre / liviano y apesadumbrado / pesado".

Silvestres que no quieren aquí que les injerten
El gusto vuestro.[165] Pero, guerreros, bienvenidos.
Llamamos a una ortiga sólo ortiga, y las fallas
De un necio necedades.[166]

Cominio:
                        Siempre tan acertado.

Coriolano:
Siempre Menenio, siempre.

Heraldo:
Dad paso allí, y en marcha.

Coriolano:

   [*A Volumnia y Virgilia.*]

                        Vuestra mano, y la
   [vuestra.
Antes que vuestra casa dé sombra a mi cabeza,
A los buenos patricios habrá que visitar,
De los que he recibido no tan sólo saludos
Sino además diversos honores.

Volumnia:
                        He vivido
Para verme heredando lo que yo deseaba

---

[165] *To your relish*: "el gusto por vosotros" y/o "lo que os gusta a vosotros (vuestro modo de pensar)".
[166] "La necedad de los insensatos es necedad" (*Proverbios*, XIV.24).

Y lo que construyó mi fantasía. Sólo
Una cosa hay que falta, la cual, no tengo duda,
Roma habrá de otorgarte.

Coriolano:
                             Buena madre, sabed
Que prefiero ser siervo de ellos a mi manera
Que dominar con ellos a la suya.

Cominio:
                             ¡Vamos, al
    [Capitolio!

    (*Toque* [*de*] *cornetas. Salen con gran pompa, como antes. Bruto y Sicinio* [*se adelantan*].)[167]

Bruto:
Todas las lenguas hablan de él, y vistas borrosas
Para verlo usan gafas.[168] La nodriza locuaz
En un ataque deja llorando a su bebé
Mientras sobre él chismea. La moza de cocina
Se ata su más lujoso paño al cuello mugroso,[169]
Y trepa a un muro a verlo. Ventanas, toldos,
    [bancos

---

[167] Las puestas en escena decimonónicas, en tres actos, concluían aquí el primero con una espectacular procesión.

[168] "Usan gafas" (*are spectacled*): anacronismo para la época en que transcurre la acción.

[169] "Más lujoso / mugroso": la rima procura remedar el juego sonoro del original entre *richest*, "más rico", y *reechy*, "mugriento, grasiento". "Paño": *lockram*, lienzo tosco. Es significativo el tono de desprecio hacia la plebe en esta alocución de un tribuno de la plebe.

Se asfixian; llenan techos, montan a las cumbreras
Los variados aspectos, todos con igual ansia
De verlo.[170] Hasta los flámenes, raras veces visibles,
Pujan entre la turba popular y resuellan
Por un sitio vulgar. Nuestras veladas damas
Entregan el combate de blanco y rojo en sus
Coloreadas mejillas al lascivo despojo
De los ardientes besos de Febo.[171] Una alharaca
Como si el dios que sea que lo guía se hubiese
Deslizado a hurtadillas en sus humanas fuerzas
Y le diera actitud agraciada.[172]

Sicinio:

                     Muy pronto
Os lo aseguro cónsul.

---

170 "Toldos": *bulks*, suerte de marquesinas que sobresalen de los negocios; "bancos": *stalls*, bancos dispuestos al frente de los negocios para exhibir mercaderías; Shakespeare describe una aglomeración popular en la Londres de su tiempo, con probables ecos de la descrita por T. Dekker en referencia a la procesión que tuvo lugar cuando fue coronado el rey Jacobo I (1603). "Los variados aspectos" (*variable complexions*): esto es, gentes de los más diversos tipos. A continuación, "flámenes" (*flamens*): sacerdotes romanos.

171 "Veladas damas" (*veiled dames*): en la Inglaterra de Shakespeare, las damas se cubrían el rostro no sólo por pudor sino también para evitar el tostado del sol, considerado despectivamente como propio de la clase baja que trabaja al aire libre. "Coloreadas": *nicely-gawded*, esto es, por el maquillaje; J. D. Wilson, a partir de una conjetura de W. N. Lettsom, enmienda por *nicely-guarded*, esto es, "protegidas (por el velo)". "Despojo" (*spoil*): como los despojos (botín) de guerra, con la sugerencia de que las mejillas se arruinan (son despojadas) por efecto del sol. "Febo": epíteto de Apolo, dios griego identificado con el sol.

172 "Sus humanas fuerzas" (*his human powers*): esto es, las capacidades físicas, el cuerpo de Marcio.

Bruto:
                      Pues nuestro oficio puede,
Durante su poder, irse a dormir.

Sicinio:
No podrá él con mesura transportar sus honores
Desde donde comience y hasta el fin, sino que antes
Perderá los que obtuvo.

Bruto:
                      Y en eso hay un consuelo.

Sicinio:
                                          No
    [dudéis
De que la plebe, a quien representamos, vaya,
A causa del rencor anterior, a olvidar
A la menor razón estos nuevos honores,
La cual que él ha de darla yo cuestiono tan poco
Como que está orgulloso de eso.

Bruto:
    Lo oí jurar
Que si se presentaba para cónsul, nunca iba
A mostrarse en la plaza del mercado o ponerse
Encima las raídas ropas de la humildad,
Ni a exhibir, según es costumbre, sus heridas
Al pueblo, mendigar su aliento hediondo.[173]

---

[173] "Raídas ropas" (*napless vesture*): Shakespeare sigue en esto un error de interpretación de T. North en su versión inglesa de Plutarco, tomada de la francesa de J. Amyot; Plutarco (también Amyot) se refiere

Sicinio:

                          Así es.

Bruto:
Fue su palabra. Ah, sí, preferiría perdérselo
Que obtenerlo si no era petición aristócrata,
Deseo de los nobles.[174]

Sicinio:

                Nada mejor ansío
Que verlo mantener tal designio y ponerlo
En práctica.

Bruto:

            Eso es más que probable que lo haga.

Sicinio:
Será para él entonces lo que más anhelamos,
Segura destrucción.

Bruto:

                Eso debe ocurrirle
A él, o la autoridad nuestra llega a su fin.[175]

---

en cambio a la toga sin túnica debajo, fuese para demostrar humildad o para exhibir las heridas de guerra. "Aliento hediondo" (*stinking breaths*): el que exhalan al pronunciar el voto, esto es, sus hediondos votos.

[174] "Aristócrata / nobles": *of the gentry / nobles*; "la terminología remite a la distinción entre clases en Inglaterra, no en Roma" (L. Bliss).

[175] *Or authority's for an end.*, según enmienda de G. R. Hibbard a partir de una conjetura de S. Thirlby; en la primera edición en folio, *or our Authorities, for an end.*, algo así (si fuera posible extraer un sentido coherente) como "o a nuestra(s) autoridad(es), como final."; A. Pope enmienda por *or our authorities. For an end,,* "o a nuestra autoridad. Para terminar (En conclusión), ...".

Debemos sugerir a la plebe cuánto odio
Él siempre le ha tenido; que, de poder, habría
Hecho mulos a todos, callado a sus resguardos,
Quitado libertades, teniéndolos, respecto
A su capacidad y actividad humana,
Por seres sin más alma y adaptación al mundo
Que un camello en la guerra, que obtiene su
          [alimento
Sólo por llevar cargas, y golpes dolorosos
Por hundirse bajo ellas.

Sicinio:

                Eso, como decís,
Sugerido en momentos en que su alta insolencia
Enseñe al pueblo –y no ha de faltar tal momento
Si ante eso a él se lo pone, que es fácil como echar
Perros a las ovejas–, va a ser el fuego de él
Que encenderá el rastrojo reseco, y esa hoguera
Lo habrá de oscurecer para siempre.[176]

(*Entra un mensajero.*)

Bruto:

                        ¿Qué ocurre?

Mensajero:
Os mandan a llamar del Capitolio. Creen

---

[176] "Enseñe": *teach*, "aleccione" y "muestre (su verdadera naturaleza)"; A. Pope, a partir de una conjetura de L. Theobald, enmienda por *reach*, "llegue, alcance", y T. Hanmer por *touch*, "toque, conmueva". El sujeto de "va a ser" (*will be*) es "eso" (*this*), palabra inicial de este parlamento.

Que Marcio ha de ser cónsul.[177] Yo mismo pude ver
Agolparse a los mudos para verlo y los ciegos
Para oírlo.[178] Matronas arrojaban sus guantes,
Las damas y doncellas pañuelos y mantillas
A su paso.[179] Los nobles, como frente a una estatua
De Jove, se inclinaban, y el pueblo producía
Una lluvia y un trueno con sus gorras y gritos.[180]
Nunca vi nada igual.

Bruto:
                    Vamos al Capitolio,
Y llevemos oídos y ojos para el momento,
Pero corazón para lo que suceda.

Sicinio:
                            Vamos.

(*Salen.*)

---

[177] La conexión inmediata entre la hazaña en Corioles y la postulación para el consulado es creación de Shakespeare, quien de ese modo además pone la iniciativa de tal postulación en los patricios y no en el propio Marcio.

[178] "Y se le acercó (a Jesús) mucha gente trayendo consigo cojos, lisiados, ciegos, mudos y otros muchos; los pusieron a sus pies..." (*Mateo*, XV.30).

[179] Mientras que las matronas ("madre de familia noble y virtuosa", DRAE, 1) eran toda una institución romana, los guantes y pañuelos eran prendas otorgadas por las damas a los caballeros que ingresaban a competir en un torneo desde tiempos medievales.

[180] "Jove" (*Jove*): Júpiter (*Juppiter*).

ESCENA II

[*Roma.*]

(*Entran dos oficiales a colocar cojines, como si fuera en el Capitolio.*)[181]

Primer oficial:
Vamos, vamos, ya casi están aquí. ¿Cuántos se presentan para el consulado?

Segundo oficial:
Dicen que tres, pero lo que creen todos es que se lo llevará Coriolano.

Primer oficial:
Bravo tipo ése, pero es terriblemente orgulloso y no ama al pueblo.

Segundo oficial:
A fe, ha habido muchos grandes hombres que adulaban al pueblo y nunca lo amaron, y habrá muchos a los que el pueblo ha amado sin saber por qué; así que si ama sin saber por qué, odia sin mejor fundamen-

---

[181] Comienzo de escena frecuente en Shakespeare, con sirvientes que, mientras preparan el lugar (y la escenografía), hacen iluminadores comentarios sobre los protagonistas. Aunque muchos detalles puntuales están tomados de Plutarco, en sí misma esta entera escena es invención del dramaturgo; en la fuente, donde no se menciona ninguna sesión del senado, Marcio se postula para el consulado y exhibe sus heridas de guerra ante la plebe, que cambia rencor por simpatía, pero llegado el momento de sufragar en el foro vota por otros candidatos.

to.[182] Por eso, como a Coriolano ni le preocupa si ésos lo aman o lo odian, manifiesta el verdadero conocimiento que tiene de las inclinaciones de ellos, y debido a su noble despreocupación los deja ver eso claramente.[183]

Primer oficial:
Si no le preocupara si lo aman o no, oscilaría indiferentemente entre no hacerles ni bien ni mal; pero él se busca el odio de ellos con mayor devoción que la que pueden poner ellos en devolvérselo, y no deja de hacer nada que pueda revelar totalmente que es su adversario. Ahora, aparentar que uno procura el rencor y el descontento del pueblo es tan malo como lo que a él le disgusta, adular con la intención de que lo amen.[184]

Segundo oficial:
Él ha merecido dignamente de su patria, y su ascenso no es por escalones tan fáciles como el de esos que, después de haber sido flexibles y corteses con el pueblo, se han sacado el sombrero, sin ningún hecho adicional para obtener estima y buena opinión.

---

[182] La traducción sigue a L. Bliss en la idea de que el sujeto de "quisieron", *who* en inglés y tácito en la traducción, es "grandes hombres", y *them* y *they*, "lo" y "el pueblo", remite a éste; C. F. Tucker Brooke interpreta explícitamente en parte, y P. Brockbank en todos los casos, exactamente lo inverso.

[183] "Noble despreocupación" (*noble carelessness*): despreocupación (indiferencia) propia de un noble (patricio).

[184] Este parlamento, y especialmente la frase final, se inspiran en un párrafo de la "Comparación de Alcibíades y Coriolano" que hace Plutarco a continuación de las "Vidas paralelas" de ambos.

Pero él ha plantado hasta tal punto sus propios honores en los ojos de ellos, y sus propias acciones en los corazones de ellos, que para las lenguas quedarse en silencio y no confesar tanto sería una especie de ingrata injuria. Opinar de otro modo sería una malevolencia que se daría a sí misma el mentís y arrancaría el reproche y la reprimenda de todo oído que oyera.[185]

Primer oficial:
Basta de él; es un hombre digno. Dad paso, están llegando.

(*Clangor. Entran los patricios y los tribunos de la plebe, con lictores delante; Coriolano, Menenio, el cónsul Cominio. [Los patricios se sientan en sus lugares.] Sicinio y Bruto ocupan sus propios lugares. Coriolano permanece de pie.*)[186]

Menenio:
Habiendo decidido con respecto a los volscos,
Y mandado a buscar a Tito Larcio, queda
Como punto esencial de esta reunión que sigue
Gratificar el noble servicio del que así
Combatió por su patria. Por ende complaceos,

---

[185] "Reproche / reprimenda": la traducción reproduce la aliteración en *reproof / rebuke*.

[186] "Lictores" (*lictors*): ministros de justicia romanos que precedían a los cónsules y a otros magistrados portando las fasces, insignia formada por un haz (*fasces*) de varas con una segur en el centro, como símbolo de que la fuerza de Roma radicaba en su unidad.

Venerables y graves ancianos, en querer
Que ahora el presente cónsul y último general
En nuestros bien hallados éxitos, nos refiera
Un poco de ese digno trabajo ejecutado
Por este Marcio Cayo Coriolano, al que aquí
Tenemos para darle gracias y recordar
Con honores como él.[187]

[*Coriolano se sienta.*]

Primer senador:
                        Hablad pues, buen Cominio.
Nada os dejéis por largo, y hacednos creer que es
Más corto nuestro estado para recompensar
Que nos para estirarlo.

[*A los tribunos.*]

                        Magistrados del pueblo,
Solicitamos vuestro más bondadoso oído,
Y luego vuestra amable moción a los comunes
Para que acepten cuanto pase aquí.

Sicinio:
                        Nos convocan
A un debate feliz, y nuestros corazones

---

187 "Como él" (*like himself*): iguales a él, dignos como él, dignos de él. La acotación que sigue, cuya ubicación varía según el editor moderno de que se trate, es necesaria porque en la acotación de ingreso se indica que Coriolano permanece de pie, y en otra que vendrá más adelante se indica que se levanta.

Se inclinan por rendir honores y elevar
Al que es tema de nuestra reunión.[188]

Bruto:

                              Y eso en efecto
Será una bendición hacerlo, si él se acuerda
De un valor más amable del pueblo que el que
    [hasta ahora
Ha venido asignándole.

Menenio:

                     No es parte del asunto.
Mejor habría sido callar. ¿Os complacéis
En oír a Cominio?

Bruto:

               De buena voluntad;
No obstante mi advertencia sí fue más pertinente
Que el reproche que hicisteis.

Menenio:

                      Él ama a vuestro
    [pueblo,
Pero no lo obliguéis a compartir la cama.
Digno Cominio, hablad.

(*Coriolano se levanta y se dispone a salir.*)

                  No, ocupad vuestro sitio.

---

[188] "Debate": *treaty*, literalmente "tratado", esto es, asunto a ser tratado; Sicinio no "acepta" lisa y llanamente, según proponía el senador.

Senador:[189]
Sentaos, Coriolano; no os avergüence oír
Vuestras nobles acciones.

Coriolano:
                    Con perdón, excelencias;
Me haría antes curar de nuevo las heridas
Que oír cómo las tuve.

Bruto:
                    No os levantáis, señor,
Por mi palabra, espero.

Coriolano:
                    No, señor; pero a veces
Me quedé ante los golpes y huí de las palabras.
No aduláis, no herís pues. Pero yo a vuestro
        [pueblo
Lo amo por lo que vale...[190]

Menenio:
                    Sentaos, por favor.

Coriolano:
Me haría antes rascar bajo el sol la cabeza
Cuando tocan al arma que oír sentado ocioso
Mis nadas monstruizadas.[191]

---

[189] N. Rowe aquí, y E. Capell en dos casos posteriores dentro de esta escena, enmiendan por "Primer senador".

[190] "Vale": *weigh*, "pesa, vale, merece", con una ambigüedad que queda abierta por la interrupción de Menenio.

[191] "Monstruizadas": *monstered*, "exhibidas como monstruos (por-

(*Sale.*)

Menenio:
                    Magistrados del pueblo,
Qué va a adular a vuestra multiplicante prole
–Que es mil por uno bueno– cuando veis ahora
    [que antes
Arriesgaría todos sus miembros por su honor
Que un solo oído por oírlo.[192] Hablad, Cominio.

Cominio:
Ha de faltarme voz; lo que hizo Coriolano
No ha de ser expresado débilmente. Se afirma
Que el valor es la máxima de las virtudes, y
La que hace a quien la tiene más digno.[193] Si es
    [verdad,
Al hombre de quien hablo no hay nadie en todo el
    [mundo
Que lo pueda igualar. A los dieciséis años,
Cuando avanzó Tarquino contra Roma, él peleó
Mejor que todos.[194] Nuestro dictador de ese entonces,

---

tentos)" (OED); la noción implícita es "monstruosamente (grotescamente) exageradas".

[192] "Multiplicante prole" (*multiplying spawn*): "se conocía a las clases bajas romanas como *proletarii*, buenas sólo para engendrar hijos (*proles*)" (E. K. Chambers); *proletarius* es efectivamente una forma adjetiva derivada del sustantivo *proles*, "prole", y calificaba, no necesariamente en sentido peyorativo, a los ciudadanos demasiado pobres para contribuir con el estado de otro modo que produciendo hijos; acaso Shakespeare esté aquí "traduciendo" el término al inglés.

[193] "Valor / máxima de las virtudes": sobre lo que afirma Plutarco al respecto, ver nota en la escena inicial.

[194] "Dieciséis años": Plutarco afirma que Marcio era entonces apenas

Al que aludo encomiándolo, vio como él combatía
Cuando con su mentón de amazona enfrentaba
A los labios barbados.[195] A horcajadas cubrió
A un romano acosado y a la vista del cónsul
Mató a tres oponentes.[196] Topó al propio Tarquino,
Que cayó de rodillas.[197] En lo que hizo aquel día,
Cuando podía actuar de mujer en la escena,
Probó que era el más hombre combatiendo, y en
   [pago
Lo ciñeron con roble.[198] Con edad aún de alumno

---

un muchachito, sin especificar edad. "Tarquino contra Roma": Plutarco cuenta que Tarquino, rey de Roma expulsado, luego de varias batallas infructuosas reunió para su intento final de retorno a muchos pueblos itálicos, temerosos y envidiosos del creciente poder romano. Shakespeare hace rememorar aquí a Cominio lo que el historiador griego narra casi al principio de su "Vida de Coriolano".

[195] "Dictador": *dictator*, la misma palabra originalmente latina que Plutarco translitera al griego, y que no tenía la connotación negativa actual; se trataba de un magistrado con plenos poderes designado en casos de emergencia, como una guerra. "De amazona" (*Amazonian*): esto es, imberbe, como el mentón de una mujer; las amazonas eran en la mitología griega un pueblo de mujeres belicosas, descendientes del dios de la guerra Ares (Marte para los romanos).

[196] Según Plutarco, Marcio estaba peleando enérgicamente a la vista del dictador, cuando vio caer a un romano, corrió en su defensa (T. North, en su versión inglesa de Plutarco, emplea la palabra *bestrid*, "a horcajadas") y mató a quien lo acometía.

[197] Este enfrentamiento personal con Tarquino no proviene de Plutarco.

[198] "Actuar de mujer en la escena": en la Inglaterra de Shakespeare, los papeles femeninos eran interpretados por muchachitos en edad previa a que les cambiara la voz; en la antigüedad, eran representados por hombres, y de todas maneras sólo comenzaron a existir teatros en Roma más de dos siglos después del presente de la acción. "Lo ciñeron con roble": según Plutarco, al término de la batalla el general coronó a Marcio con una guirnalda de hojas de roble, según era costumbre hacer con quien salvaba la vida de un compatriota; Shakespeare cambia el motivo del premio.

Entrando así en la hombría, creció tal como un
[mar,
Y en diecisiete rudas batallas desde entonces
Quitó a todas las otras espadas la guirnalda.[199] De
[lo último,
En y frente a Corioles, permitidme decirlo,
No sé hablar cabalmente. Detuvo a los que huían
Y con su raro ejemplo los hizo a los cobardes
Cambiar terror por juego. Como las algas frente
A un barco a toda vela, cedían y caían
Hombres bajo su proa. Su espada, mortal sello,
Al marcar poseía. De la cara a los pies
Él era todo sangre, y al compás de sus toques
Se escuchaban los gritos de agonía. Entró solo
Por las puertas mortíferas de la ciudad, pintándola
De sino inevitable;[200] sin ayuda salió,
Y con un repentino refuerzo golpeó entonces
A Corioles como un planeta.[201] Todo es suyo,
Cuando de pronto el ruido de guerra taladró
Su oído presto; entonces su redoblado espíritu

---

[199] "Diecisiete... batallas": el número seguramente se inspira en los diecisiete años durante los que había sobresalido como soldado Marcio, según afirma Plutarco al relatar la exhibición pública de cicatrices. "Quitó... guirnalda": la probabilidad bastante firme de que B. Jonson haya imitado esto sobre el final de su *Epiceno* (1609 o 1610) es una de las evidencias consideradas para establecer la fecha de composición de esta obra.

[200] Esto es, "manchó (la ciudad) con la sangre de los que no pudieron evitar la muerte" (L. Bliss).

[201] "Refuerzo" (*reinforcement*): de Tito Larcio, o bien "cobrando nuevas fuerzas (solo)"; en uno u otro caso, la ayuda de Tito Larcio resulta disminuida u omitida. "Como un planeta" (*like a planet*): esto es, "con la fuerza de un planeta", o bien "como la influencia maligna de un planeta (que, según la creencia isabelina, era causante de pestes)".

Revivió lo que estaba fatigado en su carne
Y él volvió a la batalla, donde humeante pasó
Por encima de vidas de hombres como si hiciera
Un perpetuo despojo;[202] y hasta tener por nuestros
La ciudad y el combate, no se detuvo nunca
Para aliviarse el pecho resollando.

Menenio:

        ¡Digno hombre!

Senador:
No está sino a la altura de los honores que hemos
Para él imaginado.

Cominio:

      Pateó nuestros despojos,[203]
Y vio cosas preciosas como si hubieran sido
Vulgar barro del mundo. Codicia menos aun
Que lo que la miseria daría, recompensa
Sus hechos con hacerlos y se da por contento
Con emplear el tiempo como lo hace.

Menenio:

        Muy noble.
Hagámoslo llamar.

---

[202] "Humeante" (*reeking*): de sangre de enemigos. "Despojo" (*spoils*): "acción y efecto de despojar", "presa, botín del vencedor", "vientre, asadura, cabeza y manos de las reses muertas" y similar de las aves muertas (DRAE, 1-4, semejantes a OED, 1-5, 7 y 8).
[203] "Pateó" (*kicked at*): esto es, "desdeñó, rechazó".

Senador:
>Llamad a Coriolano.

Oficial:[204]
Aquí se hace presente.

(Entra [de nuevo] Coriolano.)

Menenio:
Coriolano, el senado se siente complacido
De designarte cónsul.

Coriolano:
>Le debo en verdad siempre
Mi vida y mis servicios.

Menenio:
>Entonces sólo queda
Que habléis vos con el pueblo.

Coriolano:
>Permitidme, os
[imploro,
Saltear esa costumbre, pues no puedo ponerme
La túnica, pararme desnudo y suplicar
Que den por mis heridas el voto.[205] Complaceos
En dejarme omitir ese acto.

---

[204] Seguramente uno de los dos que están desde el principio de la escena.
[205] "Desnudo" (*naked*): por debajo de la túnica (*gown*), o bien "expuesto".

Sicinio:

                      El pueblo debe
Tener su voz, señor, y no va a suprimir
Ni un tris de ceremonia.

Menenio:

                      No los pongáis en eso.[206]
Por favor, id según la costumbre y tomad,
Del modo en que lo han hecho vuestros
      [predecesores,
Vuestro honor con la forma.[207]

Coriolano:

                      Pero ése es un papel
Que me va a dar vergüenza representar y puede
Bien quitársele al pueblo.

Bruto:

[*A Sicinio.*]

                      ¿Vos escuchasteis eso?

Coriolano:

¡Vanagloriarme ante ellos: "hice esto, y aquello otro";

---

[206] Esta advertencia podría estar dirigida tanto a los tribunos como a Coriolano; si lo primero, "los" (*them*) remite al pueblo; si lo segundo (quizá lo más probable puesto que las siguientes palabras de Menenio están dirigidas a Coriolano), puede remitir al pueblo o, menos probablemente, a los tribunos.

[207] *Your honour with your form*, esto es, el cargo de cónsul con las debidas formalidades.

Mostrar heridas sanas que debiera ocultar
Como si las hubiera tan sólo recibido
Para pagar su aliento![208]

Menenio:
                     No insistáis más con eso.
Nosotros os confiamos, tribunos de la plebe,
Lo que a ella proponemos, y a nuestro noble
    [cónsul
Todo gozo y honor le deseamos.

Senador:ES
¡Que tenga Coriolano todo gozo y honor!

*(Toque [de] cornetas. Luego salen [todos menos]
Sicinio y Bruto.)*[209]

Bruto:
Ya veis qué tratamiento pretende él darle al pueblo.

Sicinio:
¡Debieran percibir la intención! Va a pedirles
Como si despreciara que lo que él solicita
En ellos esté darlo.

Bruto:
                     Vayamos a avisarles

---

[208] "Aliento" (*breath*): exhalado al pronunciar el voto, esto es, el voto de los plebeyos.
[209] Los oficiales podrían permanecer retirando los cojines durante el diálogo que sigue (L. Bliss).

De nuestro proceder aquí. Sé que estarán
Esperando en la plaza del mercado.

   [*Salen.*]

ESCENA III

[*Roma.*]

(*Entran siete u ocho ciudadanos.*)[210]

Primer ciudadano:
Una vez que él solicite nuestras voces, no debemos negárselas.[211]

Segundo ciudadano:
Podemos, señor, si queremos.

Tercer ciudadano:
Tenemos poder para eso, pero es un poder que no podemos ejercer.[212] Porque si nos muestra sus heridas y nos cuenta sus hazañas, tendremos que ocupar nuestras lenguas en esas heridas y hablar por ellas; así que

---

[210] La numeración de los ciudadanos aquí es independiente de la que tenían en la escena inicial; de hecho en la primera edición en folio, cuando luego reingresan los que componen el tercer grupo, la numeración vuelve a comenzar desde "primero". Shakespeare desarrolla esta extensa escena, con importantes diferencias, a partir de algo que Plutarco narra brevemente: Coriolano se postula para el consulado, se presenta vestido según la costumbre a solicitar los votos del pueblo y exhibe sus heridas, la gente se conmueve y acuerda votarlo (pero cambia de opinión el día en que debe efectivamente hacerlo).

[211] "Voces" (*voices*): "voz: parecer o dictamen que uno da en una junta sobre un punto o elección de un sujeto, voto o sufragio" (DRAE, 10); varias veces en el curso de esta escena se jugará además, como doble sentido, con el significado más literal del término.

[212] "Poder / no podemos": *power* ("poder, capacidad legal") / *we have no power* ("no tenemos ningún poder, derecho moral de ejercer aquella capacidad").

si nos cuenta sus nobles hazañas, también nosotros hemos de contarle a él que las aceptamos noblemente.[213] La ingratitud es monstruosa, y para la multitud ser ingrata sería convertir en monstruo a la multitud, de la que nosotros, como miembros, pasaríamos a ser miembros monstruosos.

Primer ciudadano:
Y para lograr que no piensen de nosotros nada mejor, con poca ayuda bastará; porque una vez en que nos alzamos por los granos, él mismo no tuvo escrúpulos en llamarnos la multitud de muchas cabezas.[214]

Tercer ciudadano:
Nos han llamado así muchos; no que nuestras cabezas sean algunas castañas, algunas negras, algunas rubias, algunas calvas, sino que nuestras inteligencias son de colores tan diversos. Y yo de veras pienso que si todas nuestras inteligencias tuvieran que salir de un solo cráneo, volarían hacia el este, el oeste, el norte, el sur, y el acuerdo de una dirección única sería hacia todos los puntos de la brújula a la vez.[215]

Segundo ciudadano:
¿Eso pensáis? ¿Y hacia dónde juzgáis que volaría mi inteligencia?

---

[213] "Aceptamos noblemente" (*noble acceptance*): atribuyendo algún tipo de nobleza a una capacidad de los plebeyos, este ciudadano postula cierto plano de equivalencia entre ellos y los patricios.
[214] "Multitud de muchas cabezas" (*many-headed multitude*): expresión proverbial.
[215] "Brújula" (*compass*): anacronismo para el presente de la acción.

Tercer ciudadano:
No, vuestra inteligencia no saldría tan rápido como la voluntad de otro; está sólidamente encajada en una cabeza de adoquín. Pero si estuviera en libertad, seguro que volaría hacia el sur.

Segundo ciudadano:
¿Por qué hacia allí?

Tercer ciudadano:
Para perderse en una niebla, donde, al esfumarse tres partes con los rocíos putrefactos, la cuarta volvería por razones de conciencia para ayudarte a conseguir esposa.[216]

Segundo ciudadano:
Nunca os faltan trucos. Me podéis, me podéis.

Tercer ciudadano:
¿Estáis todos resueltos a dar vuestras voces? Pero igual no importa, la mayor parte aprueba. Yo digo, si él se inclinara por el pueblo, nunca hubo un hombre más digno.[217]

---

[216] "Rocíos putrefactos": sobre la creencia en que el viento sur era portador de enfermedades, ver nota en la cuarta escena del acto primero.

[217] "... aprueba. Yo digo, si...": según la puntuación enmendada por L. Theobald; según la de la primera edición en folio, "... aprueba, yo digo. Si...", plausible pero expresivamente más débil. "Inclinara / hubo" (*would incline / was*): la falta de correlación entre los modos verbales corresponde al original.

(*Entra Coriolano, en túnica de humildad* [*y sombrero*], *con Menenio.*)[218]

Aquí viene él, y en túnica de humildad. Fijaos en su conducta. No tenemos que quedarnos todos juntos, hay que acercarse a donde él está de a uno, de a dos o de a tres. Tiene que hacer sus solicitudes en forma individual, así cada uno de nosotros tiene el honor particular de darle la propia voz con la propia lengua. Entonces seguidme, y yo os doy la dirección de cómo habréis de acercaros a él.[219]

Todos [los ciudadanos]
De acuerdo, de acuerdo.

[*Salen los ciudadanos.*]

Menenio:
Ah, señor, sois injusto. ¿No sabéis que los hombres
Más dignos ya lo han hecho?

Coriolano:
                      ¿Qué tengo que decir?
¿"Señor, os ruego..."? ¡Peste! Yo no puedo llevar
A ese paso mi lengua.[220] "Ved, señor, mis heridas;

---

[218] El sombrero, adición de J. Jowett, es necesario según se verá luego durante esta escena en palabras de Coriolano y especialmente en la síntesis del tercer ciudadano.

[219] "(Os doy la) dirección": *(I) direct (you)*, que retoma en forma de verbo la "dirección (única)" (*one direct way*) imposible hacia la que volarían todas las inteligencias de la multitud, según este mismo ciudadano.

[220] "A ese paso" (*to such a pace*): metáfora ecuestre, que alude al "paso" regular (DRAE, 5) que se enseña a llevar a los caballos.

Las obtuve al servicio de mi patria, entretanto
Ciertos hermanos vuestros rugían y corrían
Ante el ruido de nuestros tambores."[221]

Menenio:

¡Ay, ay, dioses!
No debéis hablar de eso. Tenéis que desear
Que piensen bien de vos.

Coriolano:

¿Bien de mí? ¡Que los
[cuelguen!
Ojalá me olvidaran igual que a las virtudes
Que el culto gasta en ellos.[222]

Menenio:

Vais a estropearlo todo.
Os dejo. Por favor, habladles, por favor,
De un modo saludable.[223]

---

[221] "Rugían / corrían": la aliteración remeda la del original en *roared / ran*.

[222] *Which our divines lose by'em*: más literalmente, "que nuestros sacerdotes (paganos, o adivinos) pierden por (causa de) ellos (predicándoles en vano)".

[223] "Saludable" (*wholesome*): Menenio lo dice en el sentido de "provechoso" (DRAE, 2), pero Coriolano replicará sobre la base del sentido más literal. Las acotaciones que vienen a continuación son trasladadas por A. Staunton a la mitad del siguiente verso (después de "dientes"), pero Coriolano bien puede farfullar su réplica hacia las espaldas del que se va y mientras los ciudadanos van entrando; N. Rowe a su vez enmienda allí "tres" por "dos", en consonancia con el "par" a que alude enseguida Coriolano y las "dos dignas voces" con que saluda socarronamente luego las promesas de voto de este grupo de ciudadanos; avanzando en el mismo sentido, W. G. Clark y W. A. Wright agregan la entrada de un

(*Sale.*)
(*Entran* [*de nuevo*] *tres de los ciudadanos.*)

Coriolano:
                    Que se laven la cara
Y se limpien los dientes. Bien, aquí viene un par.
Vos conocéis la causa, señor, de que esté aquí.

Tercer ciudadano:
Claro, señor. Contadnos a esto qué os ha traído.

Coriolano:
Mi propio merecimiento.

Segundo ciudadano:
¿Vuestro propio merecimiento?

Coriolano:
Sí, no mi propio deseo.[224]

Tercer ciudadano:
¿Cómo que no vuestro propio deseo?

---

tercero un verso después (después de "par"), para corresponder al "señor" en singular que dice a continuación Coriolano; de todos modos, bien podrían entrar tres y quedar a cierta distancia uno de ellos, el que sobre el final de la escena resumirá los hechos. La asignación de parlamentos a los distintos ciudadanos respeta en el pasaje siguiente a la primera edición en folio; algunos editores cambian los números de estos ciudadanos de acuerdo con lo antedicho.

[224] "No": *not*, enmienda de la tercera edición en folio; en la primera, *but*, "pero"; W. G. Clark y W. A. Wright enmiendan por *but not*, "pero no".

Coriolano:
No, señor; nunca fue mi deseo molestar a los pobres mendigando.

Tercer ciudadano:
Tenéis que pensar que, si os damos algo, esperamos ganar gracias a vos.

Coriolano:
Y bien, entonces, por favor, ¿vuestro precio por el consulado?[225]

Primer ciudadano:
El precio es pedirlo amablemente.

Coriolano:
Amablemente, señor, por favor, permitidme obtenerlo.[226] Tengo heridas para mostraros, que han de ser vuestras en privado.[227] Vuestra buena voz, señor. ¿Qué decís?

Segundo ciudadano:
Vais a tenerla, digno señor.

---

[225] Esta sugerencia de que existía compra de votos seguramente le fue inspirada a Shakespeare por un comentario de Plutarco, quien sostiene que la costumbre de la solicitación en ropas humildes no perseguía en ese entonces evitar el soborno, mal que fue surgiendo en Roma posteriormente.

[226] Puntuación según la primera edición en folio; S. Johnson enmienda por "¿Amablemente, señor? Por favor...", y G. Steevens por "¡Amablemente! Señor, por favor...".

[227] "Ser vuestras" (*be yours*): esto es, "que estarán a vuestra disposición (para que las veáis)".

Coriolano:
Trato hecho, señor. Son en total dos dignas voces mendigadas.[228] Tengo vuestras limosnas. *Adieu*.[229]

Tercer ciudadano:
Pero esto es algo extraño.

Segundo ciudadano:
Si hubiera que dar otra vez..., pero no importa.

>(*Salen* [*los ciudadanos*].)[230]
>(*Entran otros dos ciudadanos*.)

Coriolano:
Bien, por favor, si puede acordar con el tono de vuestras voces el que yo sea cónsul, aquí tengo la túnica acostumbrada.

Cuarto ciudadano:
Habéis merecido noblemente de vuestra patria, y no habéis merecido noblemente.

Coriolano:
¿Vuestro enigma?

---

[228] "Trato hecho / son en total" (*a match / there's in all*): al igual que poco antes con "precio" (*price*), Coriolano emplea vocabulario propio de tratativas comerciales.

[229] "*Adieu*": "adiós", en francés en el original, saludo frecuente en Shakespeare, especialmente entre nobles.

[230] Uno de los tres, que sería entonces el "tercer ciudadano" que sobre el final de esta escena resumirá los hechos ante los tribunos, podría permanecer apartado a cierta distancia hasta que se retira el tercer grupo.

Cuarto ciudadano:
Habéis sido un azote para sus enemigos, habéis sido una vara para sus amigos.[231] Vos no habéis amado en verdad al pueblo común.

Coriolano:
Deberíais considerarme mucho más virtuoso por no haber sido común en mi amor. Señor, voy a adular a mi hermano jurado, el pueblo, para ganarme una más cara estimación de parte de él; es una condición que considera gentil.[232] Y ya que la sabiduría de su elección es tener más bien mi sombrero que mi corazón, voy a practicar la insinuante inclinación de cabeza y a descubrirme ante ellos de lo más falsificadamente; es decir, señores, que voy a falsificar el embrujo de algún hombre popular y voy a dárselo bondadosamente a los que lo desean.[233] Por lo tanto, os suplico que pueda ser cónsul.

---

[231] "Castigaré su rebelión con vara, / y su culpa con azote" (*Salmos*, LXXXIX.33).

[232] "Hermano jurado" (*sworn brother*): la expresión, obviamente aquí sarcástica, podría derivar de *fratres jurati*, "hermanos jurados" en latín, que entre los caballeros medievales identificaba a los que estaban ligados por el juramento de compartir la mutua fortuna. "Más cara estimación" (*dearer estimation*): con doble sentido comercial. "Condición" (*condition*): de adulador. "Gentil" (*gentle*): "noble" (DRAE, 8).

[233] "Sombrero / corazón": la traducción pierde la aliteración paronomástica *hat / hart*; A. Pope, para aliviar el anacronismo de *hat*, "sombrero", la destruye enmendando por *cap*, "gorra". "Descubrirme" (*be off*): esto es, "quitarme el sombrero". "Embrujo" (*bewitchment*): esto es, la inclinación de cabeza sacándose el sombrero, mediante la cual "embrujan". "Hombre popular" (*popular man*): demagogo.

Quinto ciudadano:
Esperamos encontrar en vos a un amigo, y por eso os damos nuestras voces de corazón.

Cuarto ciudadano:
Vos habéis recibido muchas heridas por vuestra patria.

Coriolano:
No voy a sellar vuestro conocimiento mostrándooslas. Voy a apreciar mucho vuestras voces, y entonces no os molestaré más.

Ambos [ciudadanos]:
¡Los dioses os den gozo, señor; de corazón!

[Salen los ciudadanos.]

Coriolano:
¡Dulcísimas voces!
Preferible es morir, caer de hambre abatido,
Que implorar el salario que ya se ha merecido.
¿Por qué con esta toga de lobo estar aquí
Mendigando de un Juan, un José, un Pedro así
Reaseguros inútiles?[234] El hábito dispone.

---

234 "Toga de lobo": *wolvish toge*, enmienda de E. Malone a partir de una conjetura de G. Steevens; vestido con la "túnica de humildad", Coriolano se ve a sí mismo como el lobo disfrazado de cordero, según la expresión proverbial, lo cual se refuerza un poco en inglés por la cercanía fonética y gráfica entre *wolvish*, "lobuno", y *woolish*, "lanudo"; en la primera edición en folio, *wooluish (woolvish) tongue*, donde esa cercanía fonética se hace más evidente aún en la grafía; *tongue*, "lengua", en

Si hiciéramos en todo lo que el hábito impone,
El polvo del pasado jamás se barrería,
Y tan alta montaña de error le taparía
La vista a la verdad. Antes que hacer de tonto,
Que alto cargo y honor sigan de largo pronto
Hacia el que haga esto a gusto. Pasasteis la mitad;
Ya aguantada una parte, con la otra continuad.

(*Entran tres ciudadanos más.*)

Aquí vienen más voces.
¡Vuestras voces! Por vuestras voces he combatido;
Velé por vuestras voces; por vuestras voces tengo
Dos docenas de heridas. Tres veces seis batallas[235]
He visto y escuchado; por vuestras voces hice
Muchas cosas, las más, las menos. ¡Vuestras voces!
Quiero en verdad ser cónsul.

[Sexto] ciudadano:[236]
Ha obrado noblemente, y no puede dejar de tener la
voz de ningún hombre honesto.

---

lugar de *toge*, "toga", sería pues una errata similar a la que presenta la primera edición en folio en *Otelo*, I.i; además de la enmienda adoptada aquí, la más generalmente aceptada, se han propuesto varias otras. "Juan / José / Pedro": *Hob / Dick*, típicos nombres rústicos en la Inglaterra de Shakespeare. "Reaseguros inútiles" (*needless vouches*): porque, según el punto de vista de Coriolano, la decisión del senado patricio es suficiente para designarlo cónsul. La rima en pareados enfatiza el pasaje de la "vulgar" prosa al "elevado" verso.

[235] Aproximadamente las "diecisiete" que le atribuye Cominio en la escena anterior.

[236] "Sexto" y enseguida "séptimo" son enmiendas de W. G. Clark y W. A. Wright; según la primera edición en folio, "primer" y "segundo".

[Séptimo] ciudadano:
Entonces, que sea cónsul. ¡Que los dioses le den gozo y lo hagan buen amigo del pueblo!

Todos [los ciudadanos]
Amén, amén. ¡Dios os guarde, noble cónsul!

[*Salen los ciudadanos.*]

Coriolano:
¡Dignas voces!

(*Entra [de nuevo] Menenio, con Bruto y Sicinio.*)

Menenio:
Ya habéis estado el término debido, y los tribunos
Os dotan de la voz del pueblo. Sólo queda
Que, investido de insignias oficiales, vayáis
Al punto a presentaros al senado.

Coriolano:
                    ¿Acabó?

Sicinio:
Cubristeis la costumbre de la solicitud.
El pueblo ya os admite, y está ahora convocado
A presentarse al punto por vuestra aprobación.

Coriolano:
¿En dónde? ¿En el senado?

Sicinio:

                    Sí, Coriolano, allí.[237]

Coriolano:
¿Puedo entonces cambiarme de ropa?

Sicinio:

                      Sí, señor.

Coriolano:
Lo haré enseguida y, cuando vuelva a reconocerme,
Acudiré al senado.

Menenio:
Os acompañaré. ¿Queréis venir vosotros?

Bruto:
Esperamos aquí que venga el pueblo.

Sicinio:

                      Adiós.

(Salen Coriolano y Menenio.)

Ya lo tiene, y su aspecto dice que esto le da
Calor al corazón.

---

[237] Según Plutarco, tanto la solicitación de los votos por parte del candidato como la votación, además unos días posterior, tienen lugar en el foro, lo que Shakespeare llama en otras partes de esta obra *market-place*, "plaza (del mercado)". Por lo demás, la fuente no explicita ninguna participación de los tribunos en estos hechos.

Bruto:
                     Con corazón de orgullo
Vistió la ropa humilde. ¿Despediréis al pueblo?

(*Entran los plebeyos.*)

Sicinio:
¿Cómo estáis, amos míos, elegisteis a ese hombre?

Primer ciudadano:
Señor, él tiene ya las voces nuestras.

Bruto:
Roguemos a los dioses que os merezca el amor.

Segundo ciudadano:
Amén, señor. Según mi pobre juicio indigno,
Él se burlaba cuando pedía nuestras voces.

Tercer ciudadano:
Sin duda, abiertamente se mofaba.

Primer ciudadano:
No, es su forma de hablar; no se estaba burlando.

Segundo ciudadano:
No hay uno de nosotros, salvo vos, que no vea
En su trato desdén. Tenía que mostrar
Las marcas de sus méritos, heridas por la patria.

Sicinio:
Y eso hizo, estoy seguro.

Todos los ciudadanos:
                    No, no, nadie las vio.

Tercer ciudadano:
Dijo tener heridas que mostrar en privado,
Y agitando el sombrero con desdén de este modo,
"Quiero ser cónsul", dice, "mas la antigua
            [costumbre,
Si no es con vuestras voces, no habrá de
            permitírmelo;
Vuestras voces, entonces". Una vez concedidas,
Vino aquí "muchas gracias por vuestras voces,
            [gracias
Por vuestras dulces voces; ahora que las dejasteis,
Con vosotros no tengo nada más". ¿No era
            [burla?[238]

Sicinio:
¿Por qué habéis sido tan ignorantes en ver,
O, si lo visteis, tan infantilmente ingenuos,
Que disteis vuestras voces?

---

[238] Este relato histriónico contiene pantallazos de los tres diálogos de Coriolano con distintos grupos de ciudadanos y aun de su soliloquio intermedio (la "antigua costumbre"); bien podría ser que este ciudadano hubiera estado presente en uno de los diálogos y escuchado referir los otros dos, y que el punto proveniente del soliloquio fuera suficientemente conocido por característico de Coriolano; pero también podría tratarse del problemático tercero de la primera entrada en pequeños grupos, quien se habría entonces quedado a cierta distancia para observar todo desde allí; no menos probable, sin embargo, es que a Shakespeare no le preocupara el realismo de tales detalles, que en la velocidad de la representación tienden a pasar inadvertidos.

Bruto:
                    ¿No podíais decirle
Lo que se os instruyó?[239] Cuando él ningún poder
Tenía, y era un ínfimo servidor del estado,
Era enemigo vuestro, y hablaba siempre en contra
De vuestras libertades y fueros concedidos
En el cuerpo social; y ahora con este ascenso
A un puesto de poder e imperio en el estado,[240]
Si con maldad siguiera siendo siempre enemigo
Tenaz de los plebeyos, vuestras voces podrían
Ser vuestra maldición. Tendríais que haber dicho
Que si sus dignos actos no reclamaban menos
Que el sitio al que aspiraba, su natural clemente
Debía contemplaros por vuestras voces y
Transformar en afecto su rencor por vosotros,
Como un patrón benévolo.

Sicinio:
                    De hablarle de ese modo,
Tal como os previnimos, habríais puesto a prueba
Su espíritu y tendencias, y habríais arrancado
Su promesa clemente, que vosotros podríais,
Si la ocasión se diera, traerle a colación,

---

[239] El cierre del signo de interrogación aquí es enmienda de T. Hanmer; en la primera edición en folio hay en cambio dos puntos, signo que funciona en general como puntuación fuerte, intermedia entre nuestros punto y coma y punto; otros editores optan aquí por una coma y cierran la interrogación ocho versos más abajo (en "maldición"), pero es justamente a partir de allí que Bruto explicita lo que él y su colega les habían "instruido" que dijeran.

[240] La aliteración en "puesto de poder" reproduce la del original, *place of potency*.

O habríais irritado su natural ceñudo,
Que no soporta con facilidad artículos
Que lo tengan atado.[241] Poniéndolo furioso
Así, habríais sacado ventaja de su cólera
Y lo habríais dejado de elegir.

Bruto:

                                    ¿Percibisteis
Que él os solicitaba con abierto desdén
Cuando le hacía falta vuestro afecto, y pensáis
Que nunca su desdén habrá de magullaros
Cuando os pueda exprimir? ¿No tienen vuestros
      [cuerpos
Nada de corazón? ¿O tenéis lengua para
Gritar contra el gobierno del buen juicio?

Sicinio:

                                      ¿Habéis antes
Denegado pedidos, y ahora otra vez, a aquel
Que no pedía sino se burlaba, otorgáis
Esas solicitadas lenguas vuestras?[242]

Tercer ciudadano:
Él no está confirmado; se puede aún denegar.

---

[241] "Artículos" (*article*): "... disposiciones... de un tratado, ley, reglamento, etc" (DRAE, 4), aquí en sentido figurado.
[242] "Ahora otra vez" (*now again*): esto es, "ahora (que os piden) otra vez"; el encendido discurso de los tribunos no se detiene demasiado en prolijidades lógicas, que seguramente quedan mejor salvadas mediante la gestualidad de los actores.

Segundo ciudadano:
Y lo denegaremos.
Tendré quinientas voces que sonarán así.

Primer ciudadano:
Yo dos veces quinientas, más los amigos suyos.

Bruto:
Marchaos de inmediato; decid a esos amigos
Que han escogido a un cónsul que querrá
 [arrebatarles
Sus libertades; sin más voz querrá dejarlos
Que a perros a los cuales golpean por ladrar
Cuando es para que lo hagan que los tienen.

Sicinio:
                              Reunidlos,
Y todos revocad con juicio más seguro
Vuestra necia elección. Puntuad que es orgulloso
Y os odia de hace tiempo. No olvidéis, además,
Con cuánto desdén él vistió la ropa humilde,
Cómo en su traje fue burlón, pero el afecto,
Pensando en los servicios que él prestara, os quitó
Comprensión del actual comportamiento suyo,
Zumbón y nada serio, modelado según
El odio inveterado que os profesa.[243]

---

[243] "No olvidéis...": esto es, "no olvidéis (puntuar, enfatizar) ...". "Traje": *suit*, que también puede significar "demanda, petición". "Nada serio" (*ungravely*): esto es, sin la seriedad y solemnidad que el caso requeriría.

Bruto:

                        Atribuidnos
La culpa a los tribunos; que pusimos empeño
En que no hubiera obstáculos, a fin de que
    [tuvierais
Que entregarle a él el voto.[244]

Sicinio:

                      Decid que lo elegisteis
Más bien por seguir órdenes de nosotros que
    [guiados
Por vuestra inclinación sincera, y vuestras mentes,
Que estaban preocupadas más por la obligación
Que por la conveniencia, contra el deseo hicieron
Que lo vocearais cónsul. Atribuidnos la culpa.

Bruto:
Sí, no nos excuséis. Decid que os dimos clases,
Lo joven que empezó él a servir a la patria,
Cuánto tiempo siguió, cuál es su noble estirpe,
La casa de los Marcio, de donde provenía
Anco Marcio, aquel que era de la hija de Numa hijo,
El cual después del gran Hostilio fue aquí rey;
De la misma casa eran Publio y Quinto además,
Que nuestra mejor agua trajeron por conductos;
[Y Censorino, a quien le fue dado ese apodo,]
Con ese noble nombre por ser censor dos veces,
Fue un gran ancestro de él.[245]

---

[244] "Que pusimos...": esto es, "(atribuidnos) que pusimos...".
[245] Plutarco inicia su "Vida de Coriolano" con la enumeración de estos personajes ilustres que la casa de los Marcio dio a Roma: Anco Marcio

Sicinio:
　　　　　　　　　　A uno de esa
　　[ascendencia,
Que además trabajó muy bien en su persona
Para alcanzar un alto lugar, lo encomendamos
A la memoria vuestra; pero habéis descubierto,
Sopesando su actual conducta y la anterior,
Que él es vuestro enemigo constante, y revocáis
Vuestra aprobación súbita.

Bruto:
　　　　　　　　　　Decid que lo habéis
　　[hecho
–Machacad siempre en eso– sólo porque os
　　[instamos.
Y ahora, ni bien hayáis reunido a vuestro número,
Marchad al Capitolio.[246]

(cuarto rey de Roma según la tradición), nieto de Numa (Numa Pompilio, segundo rey) por parte de la hija de éste y sucesor de Tulo Hostilio (tercer rey); Publio (no identificado) y Quinto Marcio, que trajeron a Roma el mejor suministro de agua (Quinto Marcio hizo en efecto construir el acueducto llamado *Aqua Marcia*, "Agua Marcia", en 144 a.C.), y Censorino (Cayo Marcio Rutilio), a quien los romanos designaron dos veces censor (a raíz de lo cual recibió su sobrenombre en 265 a.C.). Al transformar a todos ellos en ancestros de Coriolano, Shakespeare incurre en anacronismo en los dos últimos casos (más de dos y más de tres siglos respectivamente posteriores al presente de la acción). Por lo demás, al poner este elogio de la cuna en boca de Bruto, como mínimo lo convierte en negativo para Coriolano. El verso entre barras es una evidente omisión de la primera edición en folio, suplida por N. Delius textualmente a partir de Plutarco en versión de T. North.

[246] "Vuestro número" (*your number*): esto es, "cantidad de gente (que os apoye)".

Todos [los ciudadanos]
>Sí, muy bien. Casi todos
Están arrepentidos de su elección.

(*Salen los plebeyos.*)

Bruto:
>Que sigan.
Es mejor arriesgar con esta rebelión
Que quedarse esperando, sin duda, una más
[amplia.[247]
Si por su natural él se pone violento
Porque ellos lo rechazan, observad y sacad
Ventaja de su cólera.

Sicinio:
>Vamos, al Capitolio.
Estaremos allí antes que la ola popular;
Y así va a parecer, como es en parte, de ellos
Esto que hemos nosotros aguijado.

(*Salen.*)

---

[247] "Sin duda" (*past doubt*): esto es, que tarde o temprano se producirá de todos modos.

ACTO III

ESCENA I

[*Roma.*]

(*Cornetas. Entran Coriolano, Menenio, toda la nobleza, Cominio, Tito Larcio y otros senadores.*)[248]

Coriolano:
¿Entonces Tulo Aufidio levantó un nuevo ejército?

Larcio:
Es así, mi señor, y ésa ha sido la causa
De que hiciéramos trato más de prisa.[249]

Coriolano:
De modo que los volscos están como al principio,
Listos, cuando el momento lo dicte, a incursionar
Contra nosotros.

---

[248] Según Plutarco, esta fastuosa entrada hacia el foro fue la que creó en la plebe hostilidad y temor de que, si ellos daban poder a Coriolano, él les quitaría sus libertades. Al haber introducido antes ese cambio de opinión respecto al voto, Shakespeare carga de ironía esta situación.

[249] "Trato" (*composition*): con Corioles; nada de esto proviene de Plutarco, que introduce a Tulo Aufidio bastante más adelante.

Cominio:

                Tan exhaustos, señor cónsul,
Están que es muy difícil que veamos en vida
Otra vez sus enseñas flamear.[250]

Coriolano:

                        ¿Visteis a Aufidio?

Larcio:
Con un salvoconducto vino a mí, a maldecir
En contra de los volscos, pues tan vilmente habían
Cedido la ciudad. Se retiró luego a Ancio.

Coriolano:
¿Habló de mí?

Larcio:

                Sí, lo hizo, mi señor.

Coriolano:

                          ¿Cómo? ¿Qué?

Larcio:
Cuántas veces lucharon espada contra espada;
Que de todas las cosas de la tierra erais vos
Lo que él odiaba más; que empeñaría todo
Sin ninguna esperanza de recobro con tal
De ser llamado vuestro vencedor.

---

[250] "Señor cónsul": esta certidumbre de los patricios sobre la designación de Coriolano también contribuye a la ironía dramática de la situación.

Coriolano:
                              ¿Vive en Ancio?

Larcio:
En Ancio.

Coriolano:
Querría tener causa para buscarlo allí
Y enfrentarme con su odio.[251] Bienvenidos a casa.

   (*Entran Sicinio y Bruto.*)

Observad, aquí están los tribunos del pueblo,
Las lenguas de la boca común. Yo los repudio,
Porque ellos se engalanan con una autoridad
Que excede toda noble paciencia.[252]

Sicinio:
                              No avancéis.

Coriolano:
¿Eh? ¿Qué es esto?

Bruto:
Sería peligroso continuar. No avancéis.

---

[251] Anticipación irónica de lo que ocurrirá en la quinta escena del acto cuarto, con el condimento de que a continuación ingresan los tribunos, ideólogos de la causa que tendrá Coriolano.
[252] "Noble paciencia" (*noble sufferance*): esto es, "paciencia (tolerancia) de los nobles".

Coriolano:
¿Qué produce este cambio?

Menenio:
                              ¿De qué asunto se trata?

Cominio:
¿No ha sido ya aprobado por nobles y comunes?

Bruto:
No, Cominio.

Coriolano:
                         ¿He tenido las voces de los niños?

Primer senador:
Dejad paso, tribunos; él ha de ir a la plaza.

Bruto:
El pueblo está indignado con él.

Sicinio:
                                      No prosigáis,
O se armará un desorden.[253]

Coriolano:
                             ¿Ése es vuestro rebaño?
¿Han de tener voz ésos, que al instante de darla
Desconocen sus lenguas? ¿Qué oficios son los
      [vuestros?

---

[253] La aliteración en *r* recrea mínimamente la múltiple aliteración en *l* del original: *Or all will fall in broil*.

Siendo la boca de ellos, ¿no gobernáis sus dientes?
¿No los habéis lanzado?[254]

Menenio:
                    Calmaos, tened calma.

Coriolano:
Esto está hecho a propósito, y es una intriga a fin
De frenar lo que quiere la nobleza. Sufridlo
Y viviréis con quienes no pueden gobernar
Ni serán gobernables.[255]

Bruto:
                    No lo llaméis intriga.
El pueblo grita que os burlasteis, y hace poco,
Cuando le dieron granos gratuitos, os quejasteis,
Llamasteis a gestores del pueblo oportunistas,
Simples aduladores, enemigos del noble.[256]

---

[254] "Lanzado": *set... on*, esto es, "echado (como se echa los perros a alguien)", frase verbal recurrente en la obra. Coriolano traslada la metáfora del cuerpo político a un deporte popular isabelino, que consistía en echarles los perros a un oso encadenado (L. Bliss).

[255] El final de esta frase condensa el espíritu de un discurso de Coriolano ante los senadores referido por Plutarco dentro de su relato de los hechos resumido en la nota siguiente, en los cuales por lo demás la presencia de los tribunos sólo se hace notar al final, sin que hayan tomado parte del debate.

[256] Según Plutarco, luego de que Coriolano fracasara en su postulación al consulado, llegaron a Roma granos, parte de ellos enviada como regalo desde Siracusa, y, con la plebe congregada en torno al senado, algunos senadores propusieron distribuir esa parte gratuitamente, a lo que Coriolano se opuso con palabras como éstas, que siguen bastante de cerca las de la versión inglesa de T. North.

Coriolano:
Pues eso lo sabían desde antes.

Bruto:
                              No, no todos.

Coriolano:
¿Se lo informasteis luego?

Bruto:
                    ¿Cómo? ¿Informarlos yo?

[Coriolano:][257]
Sois muy capaz de hacer tal cosa.

Bruto:
                                   No incapaz
De mejorar las vuestras, en tal caso.

Coriolano:
¿Por qué he de ser, pues, cónsul? Por las nubes
        [aquellas,
Dadme tan poco mérito como el vuestro y
        [hacedme
Vuestro socio tribuno.

Sicinio:
                       Vos mostráis mucho de eso
Que al pueblo lo revuelve. Si queréis arribar
Adonde os proponéis, debéis buscar la senda,

---

[257] Enmienda de L. Theobald; en la primera edición en folio, *Com.*, "Cominio", muy fácil de confundir con *Cor.*, "Coriolano".

De la que estáis afuera, con más gentil espíritu,
O no seréis jamás tan noble como un cónsul
Ni os uniréis con él como tribuno.[258]

Menenio:
                      Calma.

Cominio:
El pueblo está engañado, lo incitan. Esos trucos
No sientan bien a Roma, ni Coriolano es digno
Del deshonroso obstáculo puesto con falsedad
En su senda de méritos.

Coriolano:
                   ¡Hablarme de los granos!
Esto fue lo que dije, y otra vez lo diré...

Menenio:
No, ahora no.

Primer senador:
             No, señor, con este calor de ahora.

Coriolano:
Sí, lo haré, por mi vida.
Mis más nobles amigos, ruego vuestro perdón.
En cuanto a la mudable y hedionda chusma, que
    [ellos
Me contemplen y, como yo no adulo, a sí mismos

---

[258] "Más gentil / noble" (*gentler / noble*): términos intencionados, con el fin de recalcar que la nobleza de cuna no basta.

Se vean reflejados. Yo digo otra vez que,
Calmándolos, nutrimos contra nuestro senado
Cizaña de insolencia, rebelión, sedición,
Por la que hemos labrado, sembrado y esparcido,
Mezclándola a nosotros, el número honorable,
Al que virtud no falta, ni poder, más que aquel
Que fue dado a mendigos.[259]

Menenio:

                      Está bien, basta ya.

Primer senador:
Ya basta de palabras, os rogamos.

Coriolano:

                      ¿Qué? ¿Basta?
Igual que por mi patria yo he vertido mi sangre
Sin miedo a externas fuerzas, hasta el fin mis
      [pulmones
Han de acuñar palabras contra esas purulencias,
Que odiamos que nos manchen y no obstante
      [buscamos
El modo de pescarnos.

Bruto:

                      Habláis del pueblo como
Si vos fuerais un dios que castiga y no un hombre
Con sus mismas flaquezas.

---

[259] "Nutrimos... cizaña...": esto, al mismo tiempo que sigue verbalmente a Plutarco en versión de T. North, alude a la parábola de la cizaña (*Mateo*, XIII.24-30). "Número honorable" (*honoured number*): los patricios.

Sicinio:

                         Estaría muy bien
Que lo supiera el pueblo.

Menenio:

                         ¿Qué cosa, qué? ¿Su cólera?

Coriolano:
¡Cólera!
De estar calmo como un sueño de medianoche,
Por Jove, ésa sería mi idea.

Sicinio:

                         Es una idea
Que ha de seguir como un veneno donde está,
Pero no envenenar más nada.

Coriolano:

                         ¿Ha de seguir?
¿Oís a este Tritón de pececillos?[260] Ved
Ese imperioso "ha de".[261]

Cominio:
     Fuera de norma.[262]

---

[260] "Tritón": en la mitología griega, divinidad marina que, entre otras cosas, indicó a los argonautas el camino a seguir hasta el Mediterráneo; generalmente se lo representaba soplando caracolas que le servían de trompa; según Coriolano, en lugar de guía o heraldo de héroes o dioses, Sicinio lo es de la plebe ("pececillos").

[261] "Imperioso 'ha de'": *absolute 'shall'*, auxiliar de futuro con matiz obligativo, a diferencia del futuro común construido con el auxiliar *will*.

[262] *From the canon*, esto es, fuera de las atribuciones de un tribuno.

Coriolano:
¿"Ha de"?
Ah, buenos pero tan insensatos patricios,
Ah, ¿por qué, senadores, graves pero imprudentes,
Le disteis a elegir a esta Hidra un magistrado
Que con sus perentorios "ha de", no siendo más
Que la trompa y el ruido del monstruo, tiene
[espíritu
Para hablar de desviar vuestra corriente a un foso
Y hacer suyo el canal?[263] Si él tiene algún poder,
Rendid vuestra ignorancia; si no, despertad ya
De vuestra peligrosa blandura.[264] Si sois sabios,
No seáis como necios vulgares; si no, dadles
Cojín a vuestro lado. Plebeyos sois vosotros,
Si ellos son senadores; y no son nada menos
Cuando, mezcladas vuestras dos voces, el sabor
Más notorio es el de ellos. Eligen su oficial,
Y encima uno como éste, que pronuncia su "ha de",
Su popular "ha de", contra bancas más graves

---

[263] "Buenos": *good*, enmienda de L. Theobald; en la primera edición en folio, *God*, "Dios". "Hidra": la hidra o serpiente de Lerna, que tenía entre cinco y cien cabezas (según las versiones) que volvían a brotar cuando le eran cortadas, hasta que Heracles o Hércules la mató en uno de sus doce trabajos; aquí remite a "la multitud de muchas cabezas" (tercera escena del acto segundo). "La trompa y el ruido" (*the horn and noise*): esto es, "la trompa ruidosa", endíadis. "Monstruo": la multitud, aquí en una imagen en que confluyen Tritón y la Hidra. "Desviar... canal": en febrero de 1609 se comenzaron unas polémicas obras para traer agua a Londres a través de canales, hecho que, en relación con este pasaje, ha sido postulado como evidencia para fechar la composición de la pieza.

[264] "Blandura": *lenity*, palabra empleada en el pasaje mencionado de Plutarco en versión de T. North.

Que cuantas en Grecia hayan fruncido el ceño.²⁶⁵
   [¡Jove!,
Eso vuelve a los cónsules viles; mi alma duele
De saber, cuando dos autoridades se alzan,
Ninguna superior, qué pronto puede entrar
En el vacío entre ambas el caos y adueñarse
De una a través de la otra.

Cominio:
                          Bien, vamos a la plaza.

Coriolano:
Quienquiera que haya dado consejo de entregar
El grano almacenado gratuitamente, como
Se hizo en un tiempo en Grecia...

Menenio:
                          Bien, basta de eso, bien.

Coriolano:
... Aunque allí tuvo el pueblo poder más absoluto,
Digo que alimentaron la insumisión, nutrieron
La ruina del estado.

---

²⁶⁵ "Popular" (*popular*): esto es, en favor del pueblo. "En Grecia": en Plutarco, Coriolano protesta contra la entrega gratuita de granos como se estilaba en Grecia, donde la democracia era más fuerte ("donde el pueblo tenía poder más absoluto", traduciendo literalmente de la versión de T. North). Del mismo pasaje sigue habiendo ecos en el resto de este y los subsiguientes parlamentos de Coriolano.

Bruto:

                    ¿Por qué el pueblo ha de dar
Al que habla así su voz?

Coriolano:

                           Os daré mis razones,
Más dignas que su voz. Ellos saben que el grano
No fue una recompensa, porque no habían hecho
Ningún servicio a cambio. Llamados a la guerra,
Con el ombligo mismo del estado en asedio,
No cruzaron las puertas.[266] Tal clase de servicio
No merece los granos gratuitos. Ya en la guerra,
Revueltas y motines, en los que demostraban
Más coraje, no hablaban por ellos. La denuncia
Que hicieron muchas veces en contra del senado,
Sin causa, no podía jamás ser el origen
De donación tan franca.[267] Muy bien, ¿y entonces
           [qué?
¿Cómo ha de digerir este múltiple seno
El favor del senado?[268] Que los hechos expresen
Lo que dirían ellos: "Nosotros lo pedimos;
Somos el mayor número, y un verdadero miedo

---

[266] "Ombligo" (*navel*): esto es, el centro vital del cuerpo político. "No cruzaron las puertas": aunque la esencia de esta objeción está tomada de Plutarco, el fraseo recuerda aquí la renuencia de los soldados a entrar en Corioles detrás de Marcio (cuarta escena del acto primero).

[267] "Origen": *native*; J.P. Collier, a partir de una conjetura de B. Heath, enmienda por *motive*, "motivo".

[268] "Múltiple seno" (esto es, la plebe): *bosom multiplied*, donde *bosom*, "seno", juega con los sentidos de "cavidad (del estómago)" y "pecho (en tanto sede de los pensamientos y sentimientos)" (OED, 4 b y 6), a los cuales se presta también el verbo "digerir" (*digest*) con sus sentidos literal y figurado.

Los llevó a concedérnoslo". Y así es que rebajamos
Nuestra naturaleza y hacemos que la turba
Llame miedos a nuestros cuidados, lo que un día
Abrirá los cerrojos del senado, así ingresan
Cuervos a picotear las águilas.[269]

Menenio:
                       Ya basta.

Bruto:
Ya basta y también sobra.

Coriolano:
                       No, no, no; tomad más.
¡Que lo humano y divino por que pueda jurarse
Sellen mi conclusión! Tal doble señorío,
En el que uno desdeña con causa, en tanto el otro
Insulta sin razones; en que nobleza, título,
Sapiencia no deciden si no es por el sí o no
Común de la ignorancia, debe omitir lo que es
En verdad necesario y abrir paso a inestables
Pequeñeces. Si así se traba lo que es útil,
Luego nada útil se hace. Por lo tanto os imploro
A los que queréis ser más prudentes que tímidos,
Que amáis los fundamentos del estado más que
Dudáis en hacer cambios allí, que preferís
Una vida más noble que larga y deseáis
Arriesgar con remedios peligrosos un cuerpo

---

[269] Que los cuervos picotearan a las águilas, que son superiores a ellos, sería antinatural; el águila, además, era símbolo del poder de Roma y estaba en sus estandartes de guerra.

Que si no moriría, que arranquéis de una vez
La multitudinaria lengua;[270] que ellos no laman
La dulzura que es su veneno. La deshonra
Os mutila el buen juicio y así priva al estado
De aquella integridad que le es más apropiada,
Pues no tiene el poder de hacer el bien que quiere
Por el mal que lo oprime.

Bruto:

                        Ya ha dicho lo bastante.

Sicinio:
Habló como un traidor, y habrá de responder
Como un traidor.

Coriolano:
           ¡Ah, mísero, que te abrume el desprecio!
¿Qué haría el pueblo con estos tribunos calvos?[271]
Mientras dependen de ellos, fallan en su obediencia
A la banca mayor.[272] En una rebelión,
Cuando más lo forzoso que lo justo era ley,
Los eligieron a ellos. En una mejor hora,

---

[270] *Multitudinous tongue*, esto es, los tribunos, voz de la multitud plebeya, retomando además la metáfora del cuerpo político.

[271] "Calvos": *bald*; a principios de la primera escena del acto segundo, Menenio dice que los tribunos son ancianos; además, un diccionario francés-inglés de 1611 define "calvo de espíritu" como "que tiene tan poca inteligencia dentro de su cabeza como cabellos sobre ella"; cabe sin embargo la posibilidad de que se trate de una grafía arcaica y dialectal de *bold*, "audaces, osados".

[272] "Banca mayor" (*greater bench*): esto es, el senado.

Digamos que lo justo tiene que ser forzoso
Y arrojemos al polvo su poder.

Bruto:
¡Manifiesta traición!

Sicinio:
                    ¿Cónsul éste? Jamás.

Bruto:
Los ediles, aquí.[273]

    (*Entra un edil.*)

                   Que sea aprehendido.

Sicinio:
Al pueblo id a llamar,

    [*Sale el edil.*]

                        en cuyo nombre yo ahora
Te arresto con los cargos de innovador traidor

---

[273] "Ediles": ediles plebeyos, elegidos para asistir a los tribunos; Shakespeare los transforma en guardias u oficiales de justicia de su propia época. Según Plutarco, cuando Coriolano acabó su discurso contra la distribución gratuita de granos postulando la eliminación del tribunado, los tribunos, que estaban presentes y advirtieron que tal moción tenía visos de imponerse, corrieron hacia la multitud que aguardaba fuera del senado, la reunieron en asamblea, denunciaron a Coriolano, lo citaron a través de mensajeros a defenderse, él echó a los enviados, y los propios tribunos, asistidos por ediles, se presentaron a llevarlo por la fuerza, pero fueron rechazados por los patricios, que incluso golpearon a los ediles.

Y enemigo del bien común.[274] Bien, obedéceme
Y ven a responder.

Coriolano:
¡Márchate, cabro viejo!

Todos [los patricios]:
Seremos sus fiadores.

Cominio:
Soltad, señor anciano.

Coriolano:
¡Márchate, putrefacto! Si no, te haré saltar
Por la ropa los huesos.

Sicinio:
¡Ciudadanos, ayuda!

(*Entra una turba de plebeyos con los ediles.*)

Menenio:
Más respeto a ambos lados.

Sicinio:
Aquí está el que os querría quitar todo poder.

Bruto:
¡A sujetarlo, ediles!

---

[274] "Innovador" (*innovator*): esto es, "revolucionario", porque pretende abolir el tribunado.

Todos [los plebeyos]:
¡Abajo con él! ¡Abajo con él!

Segundo senador:
¡Armas, armas, armas!

(*Todos se arremolinan en torno a Coriolano.*)

Todos:[275]
¡Tribunos! ¡Patricios! ¡Ciudadanos! ¡Aquí!
¡Sicinio! ¡Bruto! ¡Coriolano! ¡Ciudadanos!
¡Paz, paz, paz! ¡Deteneos, calmaos, haya paz!

Menenio:
¿Qué es lo que va a ocurrir? Me quedé sin aliento.
El caos se aproxima; no puedo hablar. ¡Tribunos
Del pueblo! ¡Coriolano, tened calma!
Hablad vos, buen Sicinio.

Sicinio:
                    Pueblo, escuchadme. ¡Paz!

Todos [los plebeyos]:
Oigamos al tribuno. ¡Paz, paz! Hablad, hablad.[276]

Sicinio:
Estáis por perder todas las libertades vuestras.

---

[275] En la primera edición en folio, este encabezamiento de parlamento está dos "versos" (irregulares) más abajo, como si aquí continuara hablando todavía el senador.

[276] La rima asonante "paz / hablad" reproduce la del original, *peace / speak*.

Marcio querría ya quitaros todas, Marcio,
Al que habéis nominado para cónsul.[277]

Menenio:
                                     ¡Bah, bah!
El modo de encender, no de apagar, es ése.

Primer senador:
De destruir la ciudad y de arrasarla entera.

Sicinio:
¿Qué cosa es la ciudad sino el pueblo?

Todos [los plebeyos]:
                                  Es muy cierto,
El pueblo es la ciudad.

Bruto:
Con el consentimiento de todos nos nombraron
Magistrados del pueblo.

Todos [los plebeyos]:
                            Y así permanecéis.

Menenio:
Y así seguramente permanezcan.

---

[277] "Marcio / Marcio": Sicinio omite intencionadamente el apelativo honorífico "Coriolano", asignado a raíz de las hazañas que, en la trama de esta obra, son el desencadenante directo de que se ofrezca al protagonista el consulado.

Cominio:[278]
El modo de arrasar con la ciudad es ése,
De lograr que se junten los techos y cimientos
Y de sepultar todo lo extendido con orden
En cúmulos de ruinas.

Sicinio:
                Merece eso la muerte.

Bruto:
O nuestra autoridad la sostenemos, o
La perdemos. Nosotros declaramos aquí,
En el nombre del pueblo, por el poder del cual
Hemos sido elegidos suyos, que Marcio es digno
De la muerte inmediata.

Sicinio:
                Por lo tanto apresadlo;
Llevadlo hasta la roca Tarpeya, y desde allí
Arrojadlo al vacío.[279]

Bruto:
                ¡Vamos, prendedlo, ediles!

Todos [los plebeyos]:
¡Ceded, Marcio, ceded!

---

[278] En vista de la respuesta posterior de los tribunos, A. Pope atribuye este parlamento a Coriolano.

[279] "Roca Tarpeya": en la colina del Capitolio; desde allí eran arrojados los reos de alta traición; debía su nombre a Tarpeya, hija del jefe de la guarnición del Capitolio durante el legendario reinado de Rómulo, la cual permitió el ingreso al lugar de los enemigos sabinos a cambio de joyas.

Menenio:

                    Oídme una palabra;
Os suplico, tribunos, tan sólo una palabra.

Ediles:
¡Paz, silencio, silencio!

Menenio:
Sed lo que parecéis, de vuestra patria amigos,
Y con templanza obrad en lo que desearíais
Reparar con violencia.

Bruto:

                  Señor, tan fríos modos,
Que parecen ayudas prudentes, son venenos
Cuando es violento el mal.[280] Poned manos en él
Y llevadlo a la roca.

Coriolano:

(*Desenvaina la espada.*)

                  No, he de morir aquí.
Algunos de vosotros me observasteis pelear;
Bien, probad en vosotros lo que de mí habéis visto.

Menenio:
¡Bajad la espada! Mientras, tribunos, apartaos.

---

[280] El drástico remedio propuesto antes por Coriolano para curar el cuerpo político ("arrancar la lengua multitudinaria") se vuelve ahora en su contra; el ideal sugerido al inicio por Menenio en su fábula del vientre ha degenerado, a ojos de Coriolano y de los tribunos, en medicina de riesgo (L. Bliss).

Bruto:
Poned manos en él.

Menenio:
¡Ayuda, Marcio, ayuda!
¡Los nobles, ayudadlo, viejos igual que jóvenes!

Todos [los plebeyos]:
¡Abajo con él, abajo con él!

(*En esta revuelta, los tribunos, los ediles y el pueblo resultan expulsados.*)

Menenio:
Idos a vuestra casa.[281] ¡Marchaos, vamos, fuera!
Si no, será la ruina.

Segundo senador:
Marchaos.

[Coriolano:][282]
¡Resistid,
Que tenemos amigos tantos como enemigos!

Menenio:
¿Hay que llegar tan lejos?

---

[281] "Vuestra": *your*, enmienda de N. Rowe; en la primera edición en folio, *our*, nuestra.
[282] Enmienda de W. Warburton; en la primera edición en folio, *Com.*, "Cominio".

Primer senador:
                    ¡Los dioses lo prohíban!
Por favor, noble amigo, retírate a tu casa;
Déjanos curar esto.

Menenio:
                    Que es un dolor de todos
Y no podéis tratarlo vos. Idos, os suplico.

[Cominio:][283]
Señor, acompañadnos.

[Coriolano:][284]
Ojalá fueran bárbaros, que lo son, aunque en
            [Roma
Aovados, no romanos, que no son, aun paridos
En el propio portal del Capitolio.[285]

[Menenio:]
                          ¡En marcha!
No pongáis vuestro digno furor en vuestra lengua;
Un tiempo pagará por otro.

---

[283] Enmienda de la segunda edición en folio; en la primera, *Corio.*, "Coriolano".

[284] Enmienda de G. Steevens a partir de una conjetura de T. Tyrwhitt, al igual que el próximo encabezamiento; en la primera edición en folio, el contenido de ambos parlamentos está adjudicado a Menenio.

[285] "Aovados / paridos": *littered / calved*, términos referidos a los animales, en el primer caso a las bestias en general y en el segundo a las vacas en particular. "Capitolio": sea en el senado, según se entiende generalmente a lo largo de esta obra, o en el templo de Júpiter Capitolino (ver nota en escena inicial).

Coriolano:
                              En justa lid
Yo podría abatir cuarenta de ellos.

Menenio:
                                    Yo
A un par de los mejores; ah, sí, a los dos tribunos.

Cominio:
Pero ahora su ventaja supera la aritmética,
Y el coraje se llama necedad si se opone
Desde una casa en ruinas. ¿Queréis iros de aquí
   [antes
Que regrese el andrajo, cuya rabia desgarra
Igual que aguas obstruidas y por delante lleva
Lo que antes la llevaba.[286]

Menenio:
                        Marchaos, os lo ruego.
Veré si es requerida mi anciana inteligencia
Por los que poca tienen. Esto hay que remendarlo
Con tela de cualquier color.

---

[286] "Regrese / rabia / desgarra": la aliteración remeda la del original en *return / rage / rend*. "Andrajo" (*tag*): figuradamente "la turba (andrajosa)"; de allí el verbo *rend*, "desgarra"; enseguida Menenio retomará la metáfora relativa a la tela. La traducción pierde antes otra resonancia actual en similar dirección, porque *fabric* ("casa") significaba "edificio, construcción" (al igual que "fábrica", DRAE, 3-4), pero desde el siglo XVIII comenzó a emplearse en el sentido hoy más habitual de "tela". "Por delante lleva / Lo que antes la llevaba" (*overbear / What they are used to bear*): esto es, la rabia, como si fuera agua obstruida, pasará por encima de lo que en situación normal la contenía (el orden patricio).

Cominio:
                        No, vamos ya.

(*Salen Coriolano y Cominio* [*con otros*].)[287]

Un patricio:
Este hombre ya ha estropeado su fortuna.

Menenio:
Su natural es noble por demás para el mundo;
Jamás le va a adular a Neptuno el tridente
Ni a Júpiter el trueno.[288] Tiene el pecho en la boca.[289]
Lo que el corazón forja su lengua ha de ventearlo;
Y, cuando está furioso, no recuerda jamás
Haber oído el nombre de la muerte.

(*Ruido dentro.*)

¡Aquí hay un buen trabajo!

Un patricio:
                        ¡Yo los querría en cama!

---

[287] "Con otros": el agregado de E. Capell indica la presumible salida aquí de Tito Larcio (que luego de su parte al inicio de la escena no tiene ningún texto o movimiento asignado), los senadores y la mayor parte de los nobles (L. Bliss).

[288] "Neptuno": dios romano del mar; el tridente es su atributo, como el rayo lo es de Júpiter.

[289] "En la boca de los necios está su corazón, / pero el corazón de los sabios es su boca" (*Eclesiástico*, XXI.26).

Menenio:
¡Yo en el Tíber los querría! ¡Maldición!
¿No podía hablar bien?

(*Entran Bruto y Sicinio con la turba otra vez.*)

Sicinio:
                    ¿En dónde está esa víbora
Que de por sí querría despoblar la ciudad
Y ser él mismo todos?

Menenio:
                Dignos tribunos, ahora...

Sicinio:
Ha de ser arrojado de la roca Tarpeya
Con manos rigurosas. Se resistió a la ley,
Y la ley por lo tanto desdeñará más juicio
Que la severidad total del poder público
Por el que él no da nada.

Primer ciudadano:
                 Bien habrá de saber
Que los nobles tribunos son las bocas del pueblo,
Y nosotros sus manos.[290]

Todos [los plebeyos]:
            Va a saberlo, seguro.

---

[290] Nótese la intencionalidad de "nobles".

Menenio:
Señor, señor...

Sicinio:
>¡Silencio!

Menenio:
¡No invoquéis la matanza donde debéis cazar
Con licencia restricta.

Sicinio:
>Señor, ¿cómo es que vos
Ayudasteis a hacer ese rescate?

Menenio:
>Oídme:
Así como conozco la dignidad del cónsul,
También puedo nombrar sus fallas.

Sicinio:
>¿Cónsul? ¿Cuál?

Menenio:
El cónsul Coriolano.

Bruto:
>¿Cónsul él?

Todos [los plebeyos]:
No, no, no, no, no, no.

Menenio:
Si con vuestro permiso, tribunos y buen pueblo,

Pudiera hablar, querría sólo una o dos palabras,
Que no han de ocasionaros más daño que la
    [pérdida
De tiempo en escucharlas.

Sicinio:

                     Pues hablad brevemente,
Porque estamos resueltos del todo a despachar
Al traidor viperino. Si expulsarlo de aquí
Ya sería un peligro, retenerlo sería
Nuestra segura muerte. Por eso está dictado
Que morirá esta noche.

Menenio:

                ¡Los dioses no permitan
Que nuestra ilustre Roma, de cuya gratitud
Hacia sus hijos que lo merecen hay prueba
En el libro de Jove, coma a los suyos como
Una madre desnaturalizada![291]

Sicinio:
Él es una dolencia que se debe extirpar.

Menenio:
Oh, no, no es más que un miembro que tiene una
    [dolencia;
Extirparlo sería mortal; curarlo, fácil.

---

[291] "Libro de Jove": acaso los rollos del templo de Júpiter Capitolino, como está sugerido en *Julio César*, III.ii (G.S. Gordon), o tal vez una adaptación a Roma de la afirmación bíblica de que los nombres de los fieles están escritos en el libro de la vida (*Filipenses*, IV.3, *Apocalipsis*, XXI.27, etc).

¿Qué cosa le ha hecho a Roma que merezca la
   [muerte?
Liquidando a enemigos, la sangre que perdió
–Que, me atrevo a afirmar, supera en muchas
   [onzas
A toda la que él tiene– la vertió por su patria;
Y que él perdiera el resto por causa de su patria
Sería para quienes lo hicieran y sufrieran
Una marca hasta el fin del mundo.

Sicinio:
                              Tuerce todo.[292]

Bruto:
Puro retorcimiento. Cuando él amó a su patria,
Ella lo honró.

Menenio:[293]
             El servicio del pie, desde el momento
En que tiene gangrena, ya no es más respetado
Por lo que supo ser.

Bruto:
              No vamos a oír más.

---

[292] La aliteración en *t* remeda la del original en *k* (*clean kam*).

[293] T. Hanmer, a partir de una conjetura de W. Warburton, enmienda por "Sicinio", en la idea de que la afirmación que sigue es contraproducente para las intenciones de Menenio; por similares motivos, otros editores que no cambian el encabezamiento enmiendan la puntuación del parlamento, cerrando la frase con un signo de interrogación o puntos suspensivos; sin embargo, el texto sin enmiendas es perfectamente plausible si se lo entiende como un reproche irónico que se propone producir una reacción inversa.

Seguidlo hasta la casa y arrancadlo de allí,
Para que esta infección de esencia contagiosa
No se extienda.

Menenio:
                    Una más, una palabra más.
Esta furia con pies de tigre, cuando advierta
El daño del descuido veloz, tarde ha de atarse
Con plomo los talones.[294] Proceded por proceso,
No sea que facciones irrumpan, porque lo aman,
Y romanos saqueen a Roma.

Bruto:
                    Si así fuese...

Sicinio:
¿Qué habláis?
¿No hemos sentido el gusto de la obediencia de él?
¿Resistencia a nosotros, golpes a ediles? Vamos.

Menenio:
Tened en cuenta que él se educó en los combates
Desde que pudo alzar la espada, y no aprendió
Lenguaje tamizado; grano y cáscara juntos
Lanza sin distinguirlos. Concededme permiso
De ir en su busca, y yo me encargo de traerlo
A un sitio en que responda bajo formas legales,
En paz, a su peligro mayor.[295]

---

[294] "Con pies de tigre (*tiger-footed*): proverbialmente veloz. A continuación, "Proceded por proceso" (*proceed by process*): esto es, "procedeo conforme a los procedimientos legales".

[295] A continuación de "traerlo" (*bring him*), una enmienda de A. Pope

Primer senador:
                    Nobles tribunos,
Ésa es la senda humana. La otra vía de acción
Puede ser demasiado sangrienta, y el final
No lo puede el principio saber.

Sicinio:
                              Noble Menenio,
Sed pues el oficial del pueblo vos, entonces.

   [*A los plebeyos.*]

Bajad las armas, amos.

Bruto:
                    No os retiréis a casa.

Sicinio:
En la plaza reuníos.

   [*A Menenio.*]

                    Aguardamos allí,
Donde, si no traéis a Marcio, el proceder
Será el de nuestra vía primera.

Menenio:
   He de traéroslo.

---

ha suprimido "en paz" (*in peace*), que hacía hipérmetro ese verso, aunque su énfasis no parecería del todo inapropiado.

[*A los senadores.*]

Acompañadme, os ruego. Tiene que presentarse,
O lo peor vendrá.

Primer senador:
 Vamos a él, por favor.

(*Salen todos* [*por separado*].)

ESCENA II

[*Roma.*]

(*Entra Coriolano con nobles.*)[296]

Coriolano:
Que en torno a mis oídos todo arruinen, que me
    [hagan
Morir en una rueda, o a los pies de caballos,[297]
O apilen diez colinas en la roca Tarpeya,
De modo que hacia abajo se extienda la caída
Más allá de la vista, que yo igual seguiré
Con ellos siendo así.

(*Entra Volumnia.*)[298]

Un noble:
               Y es lo más noble.

Coriolano:
Me extraña que mi madre
No me apruebe más aún, pues solía tildarlos
De vasallos lanudos, cosas creadas para

---

[296] Esta escena no tiene precedentes en Plutarco.

[297] Dos formas de ejecución empleadas en el Renacimiento, no en Roma: atando al ejecutado a una rueda, donde el verdugo iba quebrándole los huesos, o atándolo de las extremidades a caballos, luego azuzados en distintas direcciones para que lo descuartizaran.

[298] J. P. Collier, seguido en eso por muchos editores, traslada esta acotación hacia unos versos más adelante, cuando Coriolano se dirige directamente a su madre; sin embargo el ingreso de ella aquí (la advierta él o no, pero sin mirarla directamente) aporta mayor carga dramática.

Compra y venta al centavo,[299] descubrir la cabeza
En asambleas, dar bostezos, estar quietos
Y asombrarse cuando uno de mi rango se erguía
A hablar de paz o guerra.

[*A Volumnia.*]

                        Me refería a vos.
¿Por qué me deseabais más blando? ¿Me queríais
Desleal a mi esencia? Mejor decid que actúe
Como el hombre que soy.[300]

Volumnia:

                      Señor, señor, señor,
Quería que tuvierais vuestro poder bien puesto
Antes que lo agotarais totalmente.

Coriolano:

                      Dejadlo.

Volumnia:
Podríais haber sido bastante lo que sois
Empeñándoos menos en serlo; habrían sido
Menores los estorbos a las posturas vuestras,
De no haberles mostrado qué disponíais antes
Que perdieran poder de impedir.[301]

---

299 "Lanudos" (*woolen*): esto es, vestidos con rústicas ropas de lana. "Al centavo": *with groats*, antiguas monedas inglesas de cuatro peniques.

300 "Actúe" (*play*): primera de las varias expresiones con doble sentido teatral que recurrirán en esta escena, con frecuencia e intencionalidad mayores que hasta aquí.

301 "Estorbos": *thwartings*, enmienda de L. Theobald; en la primera

Coriolano:

                        ¡Que los cuelguen!

Volumnia:
Que los quemen también.

     (*Entra Menenio con los senadores.*)

Menenio:
Vamos, fuisteis brutal, demasiado brutal.
Tenéis que regresar y enmendarlo.

Un senador:

                              No hay cura,
Salvo que, por no hacerlo, nuestra buena ciudad
Se parta al medio y muera.

Volumnia:

                         Por favor, haced caso.
Mi corazón se inclina tan poco como el vuestro,
En cambio mi cerebro guía mi uso de la ira
Para mejor provecho.

Menenio:

                   ¡Noble dama, bien dicho!
Antes que él se humillara frente al rebaño[302]
     [–excepto

---

edición en folio, *things*, "cosas", que no da ni el sentido ni el metro; varias otras enmiendas se han propuesto para el caso.

[302] "Rebaño": *herd*, enmienda de L. Theobald; en la primera edición en folio, *heart*, "corazón".

Que el fuerte ataque de ahora lo exige como cura
Para el entero estado–, me pondría coraza,
Que ya apenas si puedo cargar.

Coriolano:

                      ¿Qué debo hacer?

Menenio:
Volver a los tribunos.

Coriolano:

                    Ah, muy bien, ¿y qué luego?

Menenio:
Arrepentiros de lo que habéis dicho.

Coriolano:
¿Ante ellos? Si no puedo ni hacerlo ante los dioses;
¿Ante ellos debo hacerlo?

Volumnia:

                Vos sois muy absoluto,
Aunque nunca se puede ser demasiado noble
Sino en casos extremos. Os he oído decir
Que la honra y la política, como amigas unidas,
En la guerra van juntas.[303] Admitidlo, y decidme
Qué pierden en la paz una a causa de la otra
Que allí no se combinan.

---

[303] "Política" (*policy*): esto es, estrategia; lo que dice haber oído Volumnia no se ha oído dentro del curso de la obra.

Coriolano:
             ¡Bah, bah!

Menenio:
                     Buena demanda.

Volumnia:
Si es que acaso es honroso parecer en la guerra
Lo que no sois, lo cual a vuestro mejor fin
Tomáis como política, ¿cómo es peor o menos
Que ésta tenga en la paz un buen compañerismo
Con la honra de igual modo que en la guerra, si en
       [ambas
Es igual requerida?

Coriolano:
                 ¿Por qué forzáis la cosa?

Volumnia:
Pues porque ahora es a vos a quien le cabe hablar
Al pueblo, no según la propia instrucción vuestra,
Ni según los dictados de vuestro corazón,
Sino con las palabras rutinizadas en
Vuestra lengua, aunque sean bastardas sólo y
       [sílabas
Inadmisibles para vuestra íntima verdad.[304]
Ahora, eso no os deshonra para nada más que

---

[304] "Rutinizadas": *roated*, esto es, *roted*, forma verbal acuñada a partir de *rote*, "(de) memoria, "(en forma) maquinal"; S. Johnson enmienda por *rooted*, "arraigadas". Estos primeros seis versos del parlamento en curso presentan en el original algunas irregularidades métricas.

Tomar una ciudad con palabras gentiles,
Lo cual, si no, os pondría frente a vuestra fortuna
Y al peligro de hacer correr la sangre.
Yo disimularía con mi naturaleza
Si en riesgo mis fortunas y amigos requiriesen
Que lo hiciera por la honra. Yo en este asunto soy
Vuestra esposa, vuestro hijo, los senadores,
    [nobles;[305]
Y antes vos mostraríais a vulgares patanes
Cómo fruncís el ceño que usar una lisonja
Para heredar su amor y mantener a salvo
Lo que iría a la ruina si no.

Menenio:
                ¡Noble mujer!

[*A Coriolano.*]

Venid pues; hablad bien. Podéis salvar así
No lo que hoy está en riesgo sino también la
    [pérdida
De lo que ya pasó.[306]

Volumnia:
            Por favor, hijo mío,
Ve junto a ellos, con este gorro tuyo en la mano,

---

[305] "Soy" (*am*): esto es, "soy (también la voz de), estoy (representando a)"; sin embargo C. F. Tucker Brooke, adoptando una enmienda de S. Johnson, una coma agregada al final de ese verso, interpreta "estoy (en riesgo), (y también) vuestra esposa...".

[306] "Pérdida / De lo que ya pasó" (*loss / Of what is past*): el fallido nombramiento como cónsul.

Y tendiéndolo así de lejos –aquí síguelos–,
Con la rodilla besas las piedras –porque en esto
La acción es elocuencia, y el ojo del obtuso
Sabe más que su oído–, y agitas la cabeza,
Mucho, así, castigando tu terco corazón,
Tan humilde ahora como la mora más madura
Que no resistirá si la rozan;[307] o diles
Que tú eres su soldado, y, educado en combates,
No tienes esas suaves maneras, les confiesas,
Que cuadran a ti y ellos en una petición,
Al requerir su afecto; pero vas a ajustarte
A ellos tú, por supuesto, de aquí en más, hasta el
       [punto
En que tienes poder y persona.

Menenio:

                      Hecho así,
Como ella dice, vaya, su corazón es vuestro;
Porque tienen perdón tan fácil, si les piden,
Como palabras para nada.

Volumnia:

                      Ahora, por favor,
Ve y déjate regir, aunque sé que prefieres

---

[307] "Este gorro" (*this bonnet*): seguramente el que Coriolano tiene puesto (según usanza isabelina, no romana), y la madre toma en sus manos para "actuar". "Síguelos" (*be with them*): esto es, "sígueles la corriente, haz lo que ellos esperan". "Agitas" (*waving*): hacia abajo y hacia arriba, haciendo reiteradas reverencias. "Mora más madura": aquí la aliteración no tiene correlato en el original, que en cambio exhibe otra en *hold the handling*, "resistirá si la rozan"; similarmente a continuación "educado en combates" recrea la del original en *being bred in broils*.

Seguir por un abismo de fuego a tu adversario
Que adularlo en un huerto. Mirad, viene Cominio.

(*Entra Cominio.*)

Cominio:
Vengo ahora de la plaza; señor, es conveniente
Que os hagáis de un partido fuerte u os defendáis
Con la calma o la ausencia. Todos están furiosos.

Menenio:
Sólo bellas palabras.

Cominio:
      Creo que ha de servir,
Si él ajusta su espíritu.

Volumnia:
      Debe hacerlo y lo hará.
Por favor, decid ahora que lo haréis, e id a hacerlo.

Coriolano:
¿Debo yo ir a mostrarles la mollera sin casco?[308]
¿Debo dar a mi noble corazón con vil lengua
Un mentís tal que él deba sufrirlo? Bien, lo haré.
Sin embargo, si es sólo por perder esta tierra,[309]
Este molde de Marcio, que lo muelan en polvo
Y lo arrojen al viento. ¡Vayamos a la plaza!

[308] "Mollera sin casco" (*unbarbed sconce*): modo despectivo de decir "cabeza descubierta (sin sombrero, en señal de respeto)".
[309] "Tierra": *plot*, "terreno, porción de tierra", en el sentido figurado de "cuerpo" ("molde de Marcio"), hecho de "tierra" ("polvo").

Me pusisteis en un papel ahora que nunca
Haré naturalmente.

Cominio:
                Vamos, te apuntaremos.

Volumnia:
Dulce hijo, por favor, como has dicho que antaño
Mis elogios te hicieron soldado, si igual quieres
Mis elogios por esto, representa un papel
Que hasta hoy no habías hecho.

Coriolano:
                                Muy bien, tengo
    [que hacerlo.
¡Afuera mi carácter, y que de mí se adueñe
El alma de una puta! ¡Mi garganta de guerra,
Que armonizaba con mi tambor, se haga flauta
Suave como un eunuco, como una voz de virgen
Que arrulla a los bebés! ¡Sonrisas de bribones
Acampen en mi rostro, lágrimas de escolares
Me conquisten los ojos! ¡La lengua de un mendigo
Actúe entre mis labios, mis rodillas armadas,
Que sólo se doblaban al montar, lo hagan como
Las del que recibió limosna! No lo haré,
No vaya a ser que deje de honrar a mi verdad
Y le enseñe a mi mente por la acción de mi cuerpo
La inherente bajeza.

Volumnia:
                Como elijas, entonces.
Mendigando de ti yo me deshonro más

Que tú de ellos.³¹⁰ Que todo se arruine. Preferible
Es que tu madre sienta tu orgullo y no que tema
Tu riesgosa terqueza,³¹¹ pues río ante la muerte
Con tanto corazón como tú. Haz lo que gustes.
Tu coraje era mío, lo mamaste de mí,
Pero tu orgullo es propio.

Coriolano:
                      Por favor, contentaos.
Madre, voy a la plaza del mercado, dejad
De reñirme. Sabré saltimbanquear su afecto,³¹²
Timar sus corazones y regresar amado
Por todos los oficios de Roma. Mirad, voy.
Saludad a mi esposa. Si no retorno cónsul,
No confiéis más en cuanto mi lengua puede hacer
Cuando hay que adular más.

Volumnia:
                      Id a hacer lo que os plazca.

(*Sale.*)

---

[310] *That thou of them*, esto es, "que tú (mendigando) de ellos".
[311] Esto es, "es preferible que mi angustia respecto a tu peligrosa obstinación deje su lugar a un orgullo tal como el que tú sientes" (C.F. Tucker Brooke).
[312] "Saltimbanquear": *mountebank*, que como sustantivo significa "saltimbanqui" (charlatán que se sube a un banco y pondera sustancias que vende como remedios), y que aquí Shakespeare transforma en verbo, "actuar como un saltimbanqui" (según el OED, primer testimonio de esa transformación).

Cominio:
¡En marcha! Los tribunos os esperan. Armaos
De calma al responder, pues tienen preparadas
Unas acusaciones, por lo que oí, más fuertes
Que las que sobre vos hasta ahora pesan.

Coriolano:
Es "calma" la palabra. Vayamos, os lo ruego.
Dejadlos que me acusen con invenciones, yo
Responderé con mi honra.

Menenio:
                        Sí, sí, pero con calma.

Coriolano:
Bien, que sea con calma por lo tanto. ¡Con calma!

(*Salen.*)

ESCENA III

[*Roma.*]

(*Entran Sicinio y Bruto.*)

Bruto:
Cargadlo en este punto con todo, que él aspira
A un poder de tirano. Si nos evade allí,
Presionadlo con su recelo frente al pueblo,
Y que el botín que fuera ganado a los anciates
No se distribuyó.[313]

(*Entra un edil.*)

Bien, ¿y qué, va a venir?

Edil:
Sí, ya viene.

---

[313] Esto proviene de un episodio narrado por Plutarco inmediatamente antes de la postulación de Coriolano para el consulado: tras la rebelión de la plebe por escasez de comida, el intento de aplacarla enviando a unos a una colonia y alistando a otros para la guerra y la oposición a esto por parte de Sicinio y Bruto, Coriolano reclutó a los pocos que quisieron y al mando de ellos hizo una incursión exitosa a territorio de Ancio, de donde volvió con cereal como parte del botín, repartido entre quienes lo habían acompañado, para odio de los demás; al haber omitido Shakespeare tal episodio, la acusación que se prepara ahora suena a las "invenciones" que acaba de anticipar Coriolano a fines de la escena anterior. Por lo demás, entre la decisión de juzgarlo y el juicio transcurren en Plutarco veintisiete días, durante los cuales hay otra breve campaña contra Ancio.

Bruto:
                    ¿Con qué acompañamiento?

Edil:
Con el viejo Menenio y aquellos senadores
Que lo apoyaron siempre.

Sicinio:
                              ¿Ya tenéis el catálogo
Completo de las voces que están aseguradas
Escrito con los nombres?

Edil:
                    Sí, lo tengo, está listo.

Sicinio:
¿Los habéis agrupado por tribus?[314]

Edil:
                                        En efecto.

Sicinio:
De inmediato reunid al pueblo en este sitio,
Y cuando ellos me escuchen decir: "Así ha de ser
Por derecho y la fuerza de los comunes", sea
Por la muerte, una multa o el exilio, que entonces
Si digo "multa", griten "multa", si "muerte",
          ["muerte",

---

[314] Según Plutarco, los tribunos insistieron en que la votación se hiciera no por centurias, organizadas de acuerdo con la riqueza, sino por tribus, distribución distrital según cantidad de individuos; de este modo, el poder de voto de la plebe superaba al de los patricios.

Insistiendo en la antigua prerrogativa de ellos
Y el poder que concede la verdad.

Edil:
Les diré.

Bruto:
Y luego, una vez que hayan comenzado a gritar,
Que no cesen, y en cambio con un confuso
      [estruendo
Presionen para hacer cumplir la ejecución
De lo que resultemos sentenciar.

Edil
Bien, muy bien.

Sicinio:
Que estén fuertes y listos para nuestra señal
Cuando llegue el momento de dársela.

Bruto:
Ocupaos.

[*Sale el edil.*]

Hacedlo entrar en cólera sin tardar. Siempre estuvo
Habituado a vencer y a fijar su valor
En la contradicción. Ya irritado, no puede
Ser vuelto a la mesura con un freno; habla
      [entonces
Como es su corazón, y ésa es nuestra esperanza
Para romperle el cuello.

(*Entran Coriolano, Menenio y Cominio, con* [*senadores y patricios*].)

Sicinio:

                Bien, aquí está llegando.

Menenio:
Tranquilidad, os ruego.

Coriolano:
Como un caballerizo, que aguanta por un óbolo
Un libro de "bribón".[315] ¡Los honorables dioses
A salvo a Roma guarden, y puestos de justicia
A cargo de hombres dignos! ¡Que siembren aquí
    [amor!
¡Que llenen nuestros templos de imágenes de paz
Y no de guerra nuestras calles!

Primer senador:

                Amén, amén.

Menenio:
Noble deseo.

(*Entra el edil con los plebeyos.*)

Sicinio:
Acercaos aquí, pueblo, vosotros.

---

[315] *That for the poorest piece / Will bear the knave by the volume*, esto es, "que por la más pobre moneda soportará (ser llamado) 'bribón' por (tantas veces que llenarían) un volumen".

Edil:
Oíd a los tribunos. ¡Silencio, atención, digo!

Coriolano:
Primero oídme a mí.

Los dos tribunos:
             Bien, hablad. ¡Eh, silencio!

Coriolano:
¿No se me van a hacer más cargos que el actual?
¿Habrá de decidirse todo aquí?

Sicinio:
                      Yo pregunto
Si vos os sometéis a las voces del pueblo,
Reconocéis a sus oficiales y habréis
De aceptar la censura legal por faltas tales
Como sean probadas en vuestra contra.

Coriolano:
                           Acepto.

Menenio:
Observad, ciudadanos, él ha dicho que acepta.
Los servicios que en guerra prestó considerad;
Pensad en sus heridas, que lucen como tumbas
Dentro de un camposanto.[316]

---

[316] "Camposanto": *holy churchyard*, anacronismo (más evidente en inglés) para la Roma precristiana.

Coriolano:

                        Rasguñitos de espinos,
Que mueven sólo a risa.

Menenio:

                    También considerad
Que, cada vez que él no habla tal como un
      [ciudadano,
Un soldado hallaréis en él. No interpretéis
Que sus rudos acentos son sonidos malévolos,[317]
Sino los que le cuadran, como digo, a un soldado
Más que recelos contra vosotros.

Cominio:

                          Bien, bien, basta.

Coriolano:

¿Por qué razón,
Después que me eligieran cónsul por voz unánime,
Estoy tan deshonrado que en el momento mismo
Me lo quitáis de nuevo?

Sicinio:

                    Vos debéis responder.

Coriolano:

Hablad, pues. Es verdad, es lo que debo.

Sicinio:

A vos os acusamos de idear eliminar

---

[317] "Acentos": *accents*, enmienda de A. Pope a partir de una conjetura de L. Theobald; en la primera edición en folio, *actions*, "acciones".

De Roma todo cargo templado y sugerir
Que fuerais elevado vos a un poder tiránico,
Por lo cual resultáis ser un traidor al pueblo.[318]

Coriolano:
¿Cómo? ¿"Traidor"?

Menenio:
                    No, no, prometisteis mesura.

Coriolano:
¡Que el fuego del infierno más bajo envuelva al
    [pueblo!
¡Llamarme a mí traidor! ¡Tú, injurioso tribuno!
Aun con veinte mil muertes posadas en tus ojos,
En tu mano aferrados otros tantos millones,
Tu lengua mentirosa las dos cifras, diría
"Tú mientes" en tu cara con voz igual de libre
Que al orar a los dioses.

Sicinio:
                    Pueblo, ¿estáis escuchando?

---

[318] En Plutarco, la acusación formulada en la convocatoria al juicio era la de intento de usurpación del poder y de supresión del tribunado; pero al momento del juicio, los tribunos abandonan la primera, difícil de probar, y se atienen a la declaración de Coriolano ante el senado en la que postuló que el tribunado se eliminase; luego agregan la de falta de distribución del botín ganado a los anciates (la que Sicinio propone al inicio de esta escena), que resultó la más perturbadora para el acusado, porque no estaba preparado para responder a ella, lo hizo mal y la votación le resultó contraria; el mote de traidor, lo que aquí encenderá a Coriolano, no proviene de Plutarco.

Todos [los plebeyos]:
¡A la roca con él, a la roca!

Sicinio:

¡Silencio!
No hace falta añadir nuevas acusaciones.
Lo que visteis que él hizo y escuchasteis que habló,
A vuestros oficiales dar golpes, maldeciros,
Oponerse a las leyes con su arma y desafiar
Aquí a la autoridad que lo juzga, sólo eso,
Tan criminal y tan capital en su forma,
La más extrema muerte merece.

Bruto:

Pero como
Él sirvió bien a Roma.

Coriolano:

¿Qué charláis de servicio?

Bruto:
Hablo de lo que sé.

Coriolano:
¿Vos?

Menenio:
¿Es ésta la promesa que a vuestra madre hicisteis?

Cominio:
Os ruego que sepáis...

Coriolano:
>Yo no sé nada más.

Que pronuncien la abrupta muerte de la Tarpeya,
Exilio vagabundo, deshonra, largo encierro
Con sólo un grano al día, que no voy a comprar
Merced de ellos al precio de una bella palabra,
Ni a frenar mi coraje por lo que puedan darme,
Con decir solamente "buen día".

Sicinio:
>>Por cuanto él,

En tanto de él depende, ya en varias ocasiones
Ha denostado al pueblo, procurando los medios
De arrancarle poder, como recientemente
Dando golpes hostiles, y no sólo en presencia
De la fatal justicia, sino aun a los ministros
Que la han de distribuir, en el nombre del pueblo
Y en virtud del poder de nosotros, tribunos,
Lo desterramos de esta ciudad desde este instante,
Bajo pena de ser precipitado
De la roca Tarpeya, si vuelve a atravesar
Nuestras puertas de Roma. Y en el nombre del
>[pueblo

Digo que así ha de ser.

Todos [los plebeyos]:
¡Así ha de ser, así debe ser! ¡Que se vaya!
¡Él desterrado está, y así ha de ser!

Cominio:
Oídme, mis señores y amigos del común...

Sicinio:
Fue sentenciado; basta de oír.

Cominio:
                        Dejadme hablar.
Cónsul he sido y puedo demostrar que por
       [Roma[319]
Tengo marcas que hicieron en mí sus enemigos.
Amo el bien de mi patria con más tierno respeto,
Más santo y más profundo, que aun a mi propia
       [vida,
La honra de mi mujer, el fruto de su vientre
Y tesoro de mi ingle. Si yo pudiera entonces
Decir que...

Sicinio:
              Ya sabemos a qué vais. ¿Decir qué?

Bruto:
Ya no hay más que decir, ha sido desterrado
Por ser un enemigo del pueblo y de su patria.
Así ha de ser.

Todos [los plebeyos]:
¡Así ha de ser, así tiene que ser!

Coriolano:
¡Cría común de cuzcos,[320] cuyo aliento aborrezco

---

[319] "Por": *for*, enmienda de L. Theobald; en la primera edición en folio, *from*, "de".

[320] La aliteración en *c* reproduce la del original: *common cry of curs*.

Como el hedor de ciénagas, cuyo afecto valoro
Como a esqueletos muertos de hombres no
[sepultados
Que me corrompen mi aire, soy yo quien os
[destierra;
Y quedaos aquí con vuestra indecisión!
¡Que os agite el más débil rumor los corazones,
Y enemigos, con sólo sacudir sus penachos,
Aticen vuestro miedo! ¡Seguid con el poder
De desterrar a vuestros defensores, que al fin
Vuestra ignorancia –que no ve hasta que lo siente–,
Por no hacer más reserva que de vosotros
[mismos[321]
–Vuestro propio adversario–, va a entregaros como
[unos
Cautivos abatidos a alguna otra nación
Que os haya derrotado sin pelear! Despreciando
La ciudad por vosotros, le doy así la espalda.[322]
Hay un mundo en algún otro lugar.

(*Salen Coriolano, Cominio*[, *Menenio, senadores y patricios*]. *Todos gritan y arrojan las gorras al aire.*)

---

[321] *Making but reservation of yourselves*, esto es, "por no exceptuar (del destierro) a nadie más que a vosotros mismos".

[322] Este largo exabrupto no proviene de Plutarco, en cuyo relato Coriolano se retira como si fuera el único patricio no conmovido por la condena, porque la furia interior no le permitía comprender la situación en que se hallaba. Aquí él prefigura el futuro de las acciones (acoso enemigo, incapacidad defensiva) y sienta las bases de su propia actitud: ahora desprecia no sólo a la plebe sino a la ciudad entera, pues los patricios no han sabido revertir la situación.

Edil:
¡Se marchó el enemigo del pueblo, se marchó!

Todos [los plebeyos]:
¡Nuestro enemigo ha sido desterrado! ¡Se marchó!
    [¡Viva! ¡Viva!

Sicinio:
Id a verlo franquear las puertas, y seguidlo,
Como él os ha seguido, con un total desdén.
Dadle la merecida vejación. Que una guardia
Nos asista a través de la ciudad.

Todos [los plebeyos]:
¡Vamos, vamos a verlo franquear las puertas!
    [¡Vamos!
¡Guardad, dioses, a nuestros nobles tribunos!
    [¡Vamos!

(Salen.)

ACTO IV

ESCENA I

[*Puertas de Roma.*]

(*Entran Coriolano, Volumnia, Virgilia, Menenio, Cominio, con toda la nobleza joven de Roma.*)[323]

Coriolano:
Vamos, dejad las lágrimas; un breve adiós. La bestia
De múltiples cabezas me echa a cornadas. Madre,
¿Dónde está vuestro antiguo coraje? Vos solíais
Decir que los extremos probaban el espíritu;
Que hombres vulgares pueden sufrir hechos vulgares;
Que con el mar en calma todos los barcos flotan
Con igual maestría; que cuando la fortuna
Da sus golpes más duros, ser gentilmente herido
Requiere noble astucia.[324] Vos solíais cargarme

---

[323] Esta escena unifica y desarrolla, con variantes, dos hechos narrados por Plutarco en un par de breves frases: Coriolano va a su casa, se despide de su madre y de su esposa pidiéndoles que sepan soportar el destino que les ha tocado, y, escoltado por todos los patricios, se dirige a las puertas de la ciudad y parte sin pedir nada, acompañado por tres o cuatro de sus clientes.

[324] Mediante un cambio de orden, la traducción repara un anacoluto del original (literalmente: "que la fortuna, cuando da..., ser... requiere...").

De preceptos que habrían de volver invencible
Al corazón que los memorizara.

Virgilia:
¡Oh, cielos, cielos!

Coriolano:
                No, te suplico, mujer...

Volumnia:
¡La peste roja ataque todo oficio de Roma
Y las ocupaciones perezcan!

Coriolano:
                ¡Cómo! ¡Cómo!
Habrán de amarme cuando yo falte. Madre, no,
Recobrad ese espíritu que os hacía decir
Que, en caso de haber sido vos de Hércules esposa,
Habríais hecho seis de sus trabajos para
Ahorrarle a vuestro esposo tanto sudor.[325]
      [Cominio,
No decaigáis. *Adieu*. Adiós, esposa, madre.
Me irá bien todavía. Tú, viejo y fiel Menenio,
Más sal tienen tus lágrimas que las de un hombre
      [joven
Y envenenan tus ojos. Mi antiguo general,
Os he visto severo, y a menudo observasteis

---

[325] Hércules o Heracles, el héroe más popular de la mitología griega, llevó a cabo doce trabajos o hazañas. Si bien quien habla aquí es Coriolano, él afirma citar palabras de su madre, en las que ella, al igual que al inicio de la tercera escena del acto primero, se imagina como la esposa del héroe, no como la madre.

Espectáculos duros; decidles a estas tristes
Que es necio lamentar golpes inevitables
Como lo es reírse de ellos. Madre, vos sabéis bien
Que mis riesgos han sido siempre vuestro solaz,
Y creedme de veras que, aunque me vaya solo,
Igual que un solitario dragón cuyo pantano
Más se teme y menciona que se lo ve, vuestro hijo
O bien ha de exceder lo vulgar o ser presa
De carnadas y prácticas capciosas.[326]

Volumnia:

                               Primer hijo,
¿Adónde piensas ir? Al buen Cominio llévate
Contigo por un tiempo. Fíjate alguna senda,
Más que una exposición salvaje a cada azar
Que se abre en el camino frente a ti.

Coriolano:[327]

                               ¡Por los dioses!

Cominio:
Un mes te seguiré, concebiré contigo
Dónde has de reposar, para poder mandarte
Y recibir noticias. Así, si se presenta
La ocasión de llamarte, no tendremos que enviar

---

[326] "Solitario dragón" (*lonely dragon*): "Me he hecho hermano de chacales (*dragons*, 'dragones', en traducciones inglesas de la Biblia) / y compañero de avestruces" (*Job*, XXX.29; similarmente en *Isaías*, XIII.20-2 y XXXIV.11-13). "Presa... prácticas capciosas": profecía de su final.

[327] T. Keightley enmienda este encabezado y atribuye el breve parlamento a Virgilia, por considerarlo más apropiado a ella; sin embargo, no es menos apropiado a Coriolano en un tono completamente distinto.

A buscar a un solo hombre por todo el vasto
        [mundo
Y perder la ventaja, que siempre puede enfriarse
En ausencia de quien la necesita.

Coriolano:

                    Adiós.
Tienes años encima, y estás por demás lleno
De harturas de la guerra para vagar con alguien
Que aún no está magullado. Sólo a la puerta
        [llévame.
Venid, mi dulce esposa, querida madre mía
Y amigos de probada nobleza; cuando salga,
Sonreíd y decid adiós. Venid, os ruego.
Mientras yo permanezca sobre la tierra, siempre
De mí vais a saber, y jamás de mí nada
Que no sea como antes he sido.

Menenio:

                    Es lo más digno
Que podría escucharse. Vamos, a no llorar.
Si pudiera quitarme siete años solamente
De estos brazos y piernas ya viejos, por los dioses
Que yo haría contigo cada paso.

Coriolano:

                    Tu mano.
En marcha.

   (*Salen.*)

ESCENA II

[*Roma.*]

(*Entran los dos tribunos, Sicinio y Bruto, con el edil.*)[328]

Sicinio:
Mandadlos a sus casas. Se fue, y no haremos más.
Se irritó la nobleza, que se había agrupado
Tras él.

Bruto:
   Ahora que nuestro poder se demostró,
Parezcamos después de lo hecho más humildes
Que al momento de hacerlo.

Sicinio:
      Mandadlos a sus casas.
Decid que su enemigo mayor se fue, y mantienen
La misma fuerza de antes.

Bruto:
      Que vayan a sus casas.

[*Sale el edil.*]

Aquí viene la madre.

(*Entran Volumnia, Virgilia y Menenio.*)

---

[328] Esta escena, que cierra la acción central de la obra, es simétrica de la primera del acto segundo, que la abre; ninguna de las dos tiene antecedentes en Plutarco.

Sicinio:
                Rehuyámosla.

Bruto:
                        ¿Por qué?

Sicinio:
Dicen que enloqueció.

Bruto:
Pero ya nos notaron. Seguid vuestro camino.

Volumnia:
Buen encuentro. ¡Las pestes que atesoran los dioses
Compensen vuestro amor!

Menenio:
                    Calma, no habléis tan alto.

Volumnia:
Si yo pudiera en vez de llorar, ya me oiríais...
No, si vais a oír algo todavía. ¿Os marcháis?

Virgilia:
Quedaos vos también. Ay, ojalá pudiera
Decirle eso a mi esposo.

Sicinio:
                ¿Sois parte de los hombres?[329]

---

[329] *Are you mankind*, con el sentido de "sois varonil", pero tomado a continuación por Volumnia en el de "sois humana".

Volumnia:
Sí, necio, ¿es un oprobio? Mirad ahora a este
   [necio.
¿No fue un hombre mi padre? ¿Con qué parte de
   [zorro
Desterraste tú a quien dio más golpes por Roma
Que palabras has dicho?

Sicinio:
                    ¡Por el bendito cielo!

Volumnia:
Más golpes nobles él que tú palabras sabias,
Y por el bien de Roma. Te diré qué..., mas vete;
No, tienes que quedarte. Ya quisiera que mi hijo
Estuviese en Arabia, y enfrente de él tu tribu,
Su buena espada en mano.[330]

Sicinio:
                    ¿Y entonces qué?

Virgilia:
                            ¿Qué entonces?
Que él le pondría fin a tu posteridad.

Volumnia:
Con bastardos y todo.
¡Ah, qué hombre, las heridas que por Roma lleva él!

---

[330] "En Arabia": esto es, en el desierto, donde no hay ley que castigue por matar.

Menenio:
Vamos, vamos, calmaos.

Sicinio:
Ojalá hubiera sido para su patria siempre
Como empezó y él mismo no hubiera desatado
El noble nudo que él anudó.

Bruto:
                    Sí, ojalá.

Volumnia:
¡"Ojalá"! Si vosotros encendisteis al pueblo,
Gatos, tan aptos para juzgar lo que él merece
Como yo los misterios que el cielo no permite
Que la tierra conozca.

Bruto:
                    Dejadnos ir, os ruego.

Volumnia:
Ahora, señor, os ruego que os vayáis.
Habéis hecho un bravo acto. Y antes de iros, oíd:
Tanto como supera sin duda el Capitolio
La más humilde casa que hay en Roma, así mi
    [hijo,
Al que habéis desterrado –marido de esta dama,
La que aquí podéis ver–, os supera a vosotros.

Bruto:
Bien, bien, bien, os dejamos.

Sicinio:
                    ¿Por qué nos va a acosar
Quien no está en sus cabales?

(*Salen los tribunos.*)

Volumnia:
                    Llevaos con vosotros
     [mis plegarias.
¡Ojalá el quehacer único de nuestros dioses fuera
Cumplir mis maldiciones! Si pudiera encontrármelos
Sólo una vez al día, me aliviaría el peso
Que hay en mi corazón.

Menenio:
                    Les marcasteis los puntos,
Y a fe que tenéis causa. ¿Queréis cenar conmigo?

Volumnia:
La furia es mi alimento; yo soy mi propia cena,
Y así moriré de hambre comiendo.

   [*A Virgilia.*]

                    Vamos, vámonos.
Déjate de esos débiles gemidos y laméntate
Como yo, con la furia de Juno.[331] Vamos, vamos.

(*Salen* [*Volumnia y Virgilia*].)

---

[331] ... *saevae memorem Iunonis ob iram*, "por la ira memoriosa de la cruel Juno" (Virgilio, *Eneida*, I.4).

Menenio:
¡Bah, bah, bah!

(Sale.)

ESCENA III

[*Camino entre Roma y Ancio.*]

(*Entran un romano y un volsco.*)[332]

Romano:
Yo os conozco bien, señor, y vos me conocéis a mí. Vuestro nombre creo que es Adrián.

Volsco:
Así es, señor. La verdad que os he olvidado.

Romano:
Soy romano, y sirvo, como vos, contra ellos.[333] ¿No me reconocéis todavía?

Volsco:
Nicanor, ¿no?

Romano:
El mismo, señor.

Volsco:
Teníais más barba la última vez que os vi, pero vuestro semblante se muestra bien en vuestra lengua. ¿Qué noticias hay en Roma? Tengo una nota del es-

---

[332] Escena sin antecedentes en Plutarco, la cual contribuye a dar idea de paso del tiempo.
[333] "Ellos" (*'em*): los romanos.

tado volsco de que os encuentre allí. Me habéis ahorrado un día de marcha.

Romano:
En Roma ha habido extrañas insurrecciones: el pueblo contra los senadores, patricios y nobles.

Volsco:
¿Ha habido? ¿Se ha terminado, entonces? Nuestro estado no piensa así. Están de grandes preparativos bélicos, y esperan caerles en el calor de su división.

Romano:
La hoguera principal ya pasó, pero una pequeñez volvería a encenderla, porque los nobles se tomaron tan a pecho el destierro de ese digno Coriolano, que están en sazón para quitarle todo poder al pueblo y arrancarles a sus tribunos para siempre.[334] La brasa sigue ardiendo, os lo aseguro, y está casi a punto para el estallido violento.

Volsco:
¿Coriolano desterrado?

Romano:
Desterrado, señor.

Volsco:
Vais a ser bienvenido con esa inteligencia, Nicanor.

---

[334] "En sazón / arrancarles" (*in a ripe aptness / to pluck from them*): en ambos casos, la imagen es la de frutas.

Romano:
La jornada se les presenta bien ahora.[335] He oído decir que el momento más apropiado para corromper a la esposa de alguien es cuando está peleada con el marido. Vuestro noble Tulo Aufidio va a hacer una buena aparición en esta guerra, ahora que su gran oponente, Coriolano, no es solicitado por su propia patria.

Volsco:
No tiene elección. Soy muy afortunado por haberos encontrado así accidentalmente. Habéis puesto fin a mi tarea, y voy a acompañaros contento a casa.

Romano:
De aquí a la cena, he de contaros las cosas más extrañas acerca de Roma, todas tendientes al bien de sus adversarios. ¿Tenéis un ejército listo, decís?

Volsco:
El más regio: los centuriones y los que están a su cargo, enrolados selectivamente, ya en la nómina y para estar en pie con una hora de aviso.

Romano:
Me complace oír que están listos, y me parece que soy yo el que ha de ponerlos inmediatamente en acción. Así que, señor, bienvenido sea nuestro encuentro, y encantado de vuestra compañía.

---

[335] "Les" (*them*): a los volscos.

Volsco:
Me quitáis mi papel, señor; yo tengo la mayor causa para estar encantado de la vuestra.

Romano:
Bien, vamos juntos.

   (Salen.)

ESCENA IV

[*Ancio.*]

(*Entra Coriolano en atavíos humildes, disfrazado y embozado.*)

Coriolano:
Excelente ciudad esta de Ancio. Ciudad,
Soy el que hizo tus viudas. A muchos herederos
De estas hermosas casas, en combate ante mí
Oí caer gimiendo. No me reconozcáis,
O tus viudas con trinches y tus niños con piedras
Me matarán en floja batalla.

(*Entra un ciudadano.*)

Señor, salve.

Ciudadano:
Igualmente.

Coriolano:
Indicadme, si es vuestra voluntad,
Dónde reside el gran Aufidio. ¿Está en Ancio él?

Ciudadano:
Sí, está, y brinda un festín a nobles del estado
En su casa esta noche.

Coriolano:
¿Cuál es su casa, os ruego?

Ciudadano:
La que tenéis delante.

Coriolano:
$\qquad\qquad$ Gracias, señor. Adiós.

(*Sale el ciudadano.*)

¡Oh, mundo, qué inconstante! Los amigos jurados,
Cuyos pechos parecen tener corazón único,
Cuyo lecho y morada, comida y ejercicios
Siempre están juntos, como gemelos en amor
Inseparable, pueden, en el plazo de una hora,
Por una discusión de un penique romper
En agria enemistad.[336] Adversarios feroces,
Que perdían el sueño por pasiones e intrigas
Para destruirse uno a otro, por cualquier circunstancia
Que no vale ni un huevo, se hacen grandes amigos
Y unen sus descendencias. Y eso es lo que me ocurre.
Mi lugar natal odio, y está mi amor en esta
Enemiga ciudad.[337] Voy a entrar. Si él me mata,
Hace plena justicia; si me abre él el camino,
Servicios a su patria prestaré.[338]

(*Sale.*)

---

[336] "Penique": *doit*, moneda holandesa equivalente entonces a medio cuarto de penique inglés.

[337] "Odio": *hate*, enmienda de E. Capell; en la primera edición en folio, *have*, "tengo"; R. Proudfoot conjetura *leave*, "dejo".

[338] Este soliloquio dramatiza lo que narra Plutarco a continuación de que Coriolano sale de Roma: pasa unos días en el campo, atormentado por pensamientos contrarios que la cólera termina inclinando hacia la venganza; decide, pues, alzar contra Roma a una nación vecina, y los volscos le parecen los más indicados.

ESCENA V

[*Ancio.*]

(*Suena música. Entra un sirviente.*)

Primer sirviente:
¡Vino, vino, vino! ¿Qué servicio hay aquí?[339] Me parece que nuestros compañeros se han quedado dormidos.

[*Sale.*]
(*Entra otro sirviente.*)

Segundo sirviente:
¿Dónde está Coto? Lo llama mi señor. ¡Coto!

(*Sale.*)
(*Entra Coriolano.*)

Coriolano:
Bella casa. El festín huele bien, pero yo
No luzco como un huésped.

(*Entra* [*de nuevo*] *el primer sirviente.*)

Primer sirviente:
¿Qué precisáis, amigo? ¿Vos de dónde venís?
No es sitio para vos. Os ruego, id a la puerta.

---

[339] "Servicio" (*service*): eco irónico de una palabra que acaba de decir Coriolano.

(*Sale.*)

Coriolano:
No he merecido nunca mejor recibimiento
Yo por ser Coriolano.

(*Entra [de nuevo] el segundo sirviente.*)

Segundo sirviente:
¿De dónde sois, señor? ¿No tiene el portero ojos en la cabeza que da entrada a semejantes individuos? Os lo ruego, idos.

Coriolano:
¡Fuera!

Segundo sirviente:
¿Fuera? Fuera de aquí vos.

Coriolano:
Ahora te pones fastidioso.

Segundo sirviente:
¿Tan bravo sois? Voy a hacer que os hablen enseguida.

(*Entra el tercer sirviente. El primero [entra y] se encuentra con él.*)

Tercer sirviente:
¿Quién es este compañero?

Primer sirviente:
El más extraño que yo jamás haya visto. No puedo sacarlo de la casa. Por favor, llama a mi señor para que se ocupe de él.

Tercer sirviente:
¿Qué tenéis que hacer vos aquí, compañero? Os ruego que salgáis de la casa.

Coriolano:
Dejadme estar, no más. No os dañaré el hogar.[340]

Tercer sirviente:
¿Qué sois vos?

Coriolano:
Un caballero.

Tercer sirviente:
Asombrosamente pobre.

Coriolano:
Verdad, así es.

Tercer sirviente:
Os ruego, caballero pobre, que os busquéis alguna otra parada; éste no es sitio para vos; os lo ruego, salid. Vamos.

---

[340] Plutarco, luego de introducir por primera vez a Aufidio como un destacado noble volsco, narra que Coriolano se desliza dentro de la casa de éste y se sienta junto al hogar, en silencio, con la cabeza cubierta.

Coriolano:
Cumplid con vuestra función, id, y cebaos con sobras frías.

(*Lo aparta de un empujón.*)

Tercer sirviente:
¿Qué, no os vais? Por favor, contadle a mi señor qué extraño huésped tiene aquí.

Segundo sirviente:
Y es lo que voy a hacer.

(*Sale.*)

Tercer sirviente:
¿Dónde vivís?

Coriolano:
Bajo el manto celeste.[341]

Tercer sirviente:
¿Bajo el manto celeste?

Coriolano:
Sí.

---

[341] "Manto celeste": *canopy*, "dosel, pabellón, baldaquín", y figuradamente "cielo"; probable alusión al "cielo" de tela que solía haber en los teatros isabelinos.

Tercer sirviente:
¿Dónde está eso?

Coriolano:
En la ciudad de los milanos y los cuervos.

Tercer sirviente:
¿En la ciudad de los milanos y los cuervos? ¡Qué asno! ¿Entonces vives también con los grajos?[342]

Coriolano:
No, no sirvo a tu dueño.

Tercer sirviente:
¿Cómo, señor? ¿Os metéis con mi dueño?

Coriolano:
Sí, es un servicio más honesto que meterse con tu dueña. Parloteas y parloteas. Vete a servir con tu fuente. ¡Fuera!

   (*Lo echa a golpes.*)
   (*Entra Aufidio con el* [*segundo*] *sirviente.*)

Aufidio:
¿Dónde está ese compañero?

Segundo sirviente:
Aquí, señor. Lo habría golpeado como a un perro de no haber sido por no molestar a los señores allí dentro.

---

[342] "Grajos" (*daws*): proverbialmente tontos.

Aufidio:
¿De dónde vienes tú? ¿Qué deseas? ¿Tu nombre?
¿Por qué no hablas? Hombre, habla. ¿Cuál es tu
[nombre?

Coriolano:
   [*Desembozándose.*]

               Tulo,
Si aún no me reconoces, y, al verme, en mí no
      [piensas
Como el hombre que soy, ya la necesidad
Me ordena que me nombre.

Aufidio:
                        Pues bien, ¿cuál es tu
      [nombre?

Coriolano:
Un nombre amusical a los oídos volscos
Y de áspero sonido para ti.

Aufidio:
                  Di tu nombre.
Tienes una apariencia muy severa, y tu cara
Lleva en sí autoridad; aun con velamen roto,
Pareces ser un noble bajel.[343] ¿Cuál es tu nombre?

---

[343] "Velamen roto": (*thy tackle's torn*): la vestimenta humilde que lleva Coriolano. "Bajel": *vessel*, "nave" y "cuerpo" (con este sentido se emplea el término en traducciones inglesas de la Biblia, por ejemplo en *I Pedro*, III.7).

Coriolano:
Prepara tu entrecejo. ¿No me conoces aún?

Aufidio:
No, no te reconozco. Di tu nombre.

Coriolano:
Mi nombre es Cayo Marcio; yo soy el que ha
 [causado,
A ti en particular y al total de los volscos,
Grandes daños y males, como mi sobrenombre,
Coriolano, atestigua. Los penosos servicios,
Los peligros extremos y pérdidas de sangre
Vertida por mi ingrata patria están sólo pagos
Con ese sobrenombre, muy buen recordatorio
Y muy buen testimonio del rencor y el disgusto
Que debieras tenerme. Sólo ese nombre queda;
La crueldad y la envidia del pueblo, permitidas
Por la ruin cobardía de nuestros nobles, que
Me abandonaron todos, han devorado el resto;
Y aguantaron que yo por voz de los esclavos
Fuera echado de Roma. La extremidad actual
A tu hogar me ha traído; no en la esperanza –no
Te engañes– de salvar la vida, pues por miedo
A morir, de entre todos los hombres en el mundo
Te habría a ti evitado, sino que por encono,
Para quedar a mano con mis desterradores,
Estoy ahora ante ti. Si tú tienes, entonces,
Corazón resentido, que desee vengarse
Por tus propios agravios y cerrar las heridas
De la vergüenza vistas en tu patria, apresúrate
A hacer que mi miseria sirva a tu suerte. Haz uso

De ella, así mis servicios vengativos resultan
Para ti beneficios, porque voy a pelear
Contra mi patria llena de gangrena con bilis
De todos los demonios de abajo. Pero si
No te atreves y para probar mayor fortuna
Estás cansado, entonces, en suma, yo también
Me agoté de seguir con vida y te presento
A ti y a tu rencor antiguo mi garganta,
Que no cortar sería mostrar que eres un tonto
Porque te perseguí con odio siempre yo,
Vertí sangre a toneles del pecho de tu patria
Y no puedo vivir sin causarte vergüenza
Si no es para prestarte servicio.[344]

Aufidio:

                      ¡Ah, Marcio,
   [Marcio!
Cada palabra tuya me arrancó de raíz
Un antiguo rencor del corazón. Si Júpiter
Hablara algo divino desde la nube aquella
Y dijera: "es verdad", yo no le creería
Más que a ti, noble Marcio. Déjame unir mis
   [brazos
En torno de tu cuerpo, contra el que yo no menos
De cien veces mi fresno veteado fui a quebrar,
Lastimando a la luna con astillas.[345] Abrazo

---

[344] Este extenso discurso sigue de cerca al que Plutarco pone en boca de Coriolano; la efusión en la respuesta de Aufidio y lo que resta de la escena, en cambio, son invención plena de Shakespeare.

[345] "Fresno veteado" (*grained ash*): esto es, "lanza", tipo de metonimia muy frecuente en la poesía latina. "Lastimando": *scarred*; N. Rowe lee *scared*, "asustando".

Al yunque de mi espada, y en verdad yo compito
De tan ardiente y noble manera con tu afecto
Como nunca jamás con ambiciosa fuerza
Me enfrenté a tu valor. Primero has de saber
Que amaba a la doncella que desposé; no hubo
    [hombre
Más fiel en los suspiros; pero al verte a ti aquí,
Noble ser, danza más mi corazón en éxtasis
Que la primera vez que a mi dueña y esposa
Vi cruzando mi umbral.[346] Ah, Marte, a ti te digo
Que contamos con fuerzas en pie, y me proponía
Una vez más talar de tu brazo el escudo
O bien perder el mío. Tú me has batido ya
Doce veces, y yo noche a noche he soñado
Desde entonces encuentros entre nosotros dos;
Hemos estado juntos pies en tierra en mi sueño
Desabrochando cascos, apretando gargantas,
Y desperté sin nada, semimuerto. Gran Marcio,
De no tener con Roma más disputas, excepto
Tu destierro de allí, todos nos uniríamos,
Desde los doce a los setenta, a verter guerra
Dentro de las entrañas de esa ingrata de Roma
Como abate una audaz inundación.[347] Ven, entra,
Dales la mano a nuestros amigos senadores,
Que están aquí ahora para despedirse de mí,
Que parto contra vuestros territorios, si bien
No contra Roma misma.

---

[346] Si bien Aufidio es volsco, no romano, la tradición romana era que la recién desposada atravesara el umbral de su nueva casa en brazos de su marido, no caminando.

[347] "Abate": *o'erbeat*; N. Rowe enmienda por *o'erbear*, "arrasa".

Coriolano:

> ¡Me bendecís, oh, dioses!

Aufidio:
De modo, absolutísimo señor, que si tú quieres
Tener la conducción de tus venganzas, toma
La mitad de mi cargo, y expón –según mejor
Lo indique tu experiencia, dado que tú conoces
Las fuerzas y flaquezas de tu patria– tus planes,
Si debemos golpear a las puertas de Roma
O visitar sus partes remotas con rudez
Para asustarlos antes de destruirlos. Pero entra.
Déjame encomendarte primero a unos que quieren
Decir sí a tus deseos. ¡Mil veces bienvenido!
Y más ahora un amigo que un enemigo antaño;
Y eso fue mucho, Marcio. La mano. ¡Bienvenido!

(*Salen* [*Coriolano y Aufidio. Los dos sirvientes se adelantan*].)

Primer sirviente:
¡Aquí hay una extraña alteración!

Segundo sirviente:
Por mi mano que pensé en golpearlo con una porra, y sin embargo mi mente sospechó que sus ropas daban un falso informe de él.

Primer sirviente:
¡Qué brazo tiene! Me dio vuelta con el índice y el pulgar como quien pusiera a girar un trompo.

Segundo sirviente:
No, si yo supe por la cara que había algo en él. Tenía una especie de cara, señor, me parece..., no sé cómo llamarlo.

Primer sirviente:
Sí, tenía eso, se veía como si fuera..., que me cuelguen si yo no pensé que había más en él de lo que yo podía pensar.

Segundo sirviente:
Yo también, lo juro. Es simplemente el hombre más extraordinario del mundo.

Primer sirviente:
Lo mismo me parece a mí. Pero soldado más grande que él conocéis uno.

Segundo sirviente:
¿Quién, mi señor?

Primer sirviente:
No, si eso está fuera de cuestión.

Segundo sirviente:
Vale por seis como él.

Primer sirviente:
No, si tampoco tanto. Pero para mí él es el soldado más grande.[348]

---

[48] "Él" (*he*) es particularmente ambiguo en este caso, dentro de un

Segundo sirviente:
A fe, mirad, uno no sabe cómo decirlo. Para la defensa de una ciudad, nuestro general es excelente.

Primer sirviente:
Sí, y para un asalto también.

(Entra [de nuevo] el tercer sirviente.)

Tercer sirviente:
Ah, esclavos, puedo daros noticias, ¡noticias, pillos!

Primer y segundo sirvientes:
¿Qué, qué, qué? Compartámoslas.

Tercer sirviente:
No querría ser yo romano, de entre todas las naciones. Me gustaría tanto como ser un condenado.

Primer y segundo sirvientes:
¿Por qué, por qué?

Tercer sirviente:
Caray, está aquí el que solía zurrar a nuestro general, Cayo Marcio.

Primer sirviente:
¿Por qué decís "zurrar a nuestro general"?

---

contexto en que evidentemente cada uno de los dos sirvientes trata de cuidarse de lo que pueda pensar de él el otro.

Tercer sirviente:
No digo "zurrar a nuestro general", pero siempre fue suficientemente bueno para él.

Segundo sirviente:
Vamos, somos compañeros y amigos. Siempre fue demasiado duro para él; se lo he oído decir a él mismo.

Primer sirviente:
Fue demasiado duro para él directamente, a decir verdad: frente a Corioles, lo tajó y lo trozó para la parrilla.[349]

Segundo sirviente:
De haber sido dado al canibalismo, podría habérselo hervido y comido también.[350]

Primer sirviente:
Pero más de tus noticias.

Tercer sirviente:
Caray, ahí dentro lo tratan como si fuera hijo y heredero de Marte; lo ubicaron en la punta principal de

---

[349] Puntuación según la primera edición en folio; diversas enmiendas vinculan *directly*, "directamente", que tal como está significaría "en enfrentamiento directo", con *to say the troth on't*, "a decir verdad", de manera que pasaría a significar "lisa y llanamente", y/o "a decir verdad" con lo que sigue. "Tajó / trozó" remeda la aliteración múltiple en *scotched / notched*. "Parrilla": *carbonado*, "carne cortada y asada sobre carbón", semejante a uno de los platos llamados en castellano "carbonada", excepto que en este caso la carne es cocida picada antes de ser puesta a asar.

[350] "Hervido": *boiled*; A. Pope enmienda por *broiled*, "asado", que se correspondería más precisamente con *carbonado*, "parrilla".

la mesa;[351] ninguno de los senadores le preguntó nada, se mantienen ante él con la cabeza pelada.[352] Nuestro propio general lo trata como a una querida, se santifica con la mano de él y pone los ojos en blanco ante su discurso.[353] Pero el meollo de las noticias es que nuestro general está cortado al medio y no es más que la mitad de lo que era ayer, porque el otro tiene una mitad por súplica y otorgamiento de la mesa entera.[354] Va a ir, dice, a tirarle de la oreja al portero de las puertas de Roma; va a segar todo lo que tenga delante y va a dejar todo mochado a su paso.

Segundo sirviente:
Y es tan capaz de hacerlo como ningún otro hombre que yo pueda imaginarme.

Tercer sirviente:
¿Hacerlo? Claro que va a hacerlo; porque, mirad, señor, tiene tantos amigos como enemigos; y esos amigos, señor, como si fuera, no se atreverían, mirad, señor, a mostrarse, como decimos, amigos de él mientras él esté en discretitud.[355]

---

[351] Esto es, en el lugar de honor, junto a la cabecera donde se ubica el dueño de casa.
[352] Esto es, sin sombrero, en señal de respeto; los nobles isabelinos usaban sombrero también dentro de las casas.
[353] "Se santifica..." (*sanctifies himself*): "le toca la mano como si fuera una reliquia sagrada" y/o "le toma la mano con la misma veneración que un enamorado la de su amada".
[354] "Cortado al medio" (*cut i'th'middle*) retoma la imagen de *carbonado*, "parrilla".
[355] "Discretitud": *directitude*, error probablemente por *discreditude*, a su vez neologismo seudoculto en lugar de *discredit*, "descrédito"; típico

Primer sirviente:
¿Discretitud? ¿Qué es eso?

Tercer sirviente:
Pero cuando lo vean, señor, con la cresta otra vez en alto, y en pleno vigor, van a salir de sus madrigueras, como conejillos después de la lluvia, para jaranear todos con él.

Primer sirviente:
¿Pero cuándo se pone eso en marcha?

Tercer sirviente:
Mañana, hoy, ya mismo. Esta tarde vais a tener tambor batiente. Es como si fuera una porción del festín, y para ser ejecutada antes de que se limpien los labios.

Segundo sirviente:
Caray, entonces vamos a tener de nuevo un mundo agitado. Esta paz no es nada más que oxidar hierro, engrosar sastres y criar compositores de baladas.[356]

Primer sirviente:
Dadme guerra, digo yo; supera a la paz como el día a la noche; es de un andar animoso, es audible, da que

---

error en personajes de Shakespeare de baja condición dentro de pasajes cómicos.
[356] "Engrosar": *increase*, "aumentar en número (porque no hay ocupación guerrera)" o "crecer en riqueza y/o en gordura (porque la elaboración de ropa reemplaza a la de armaduras)".

ventear.[357] La paz es una verdadera apoplejía, un letargo; embotadora, sorda, soporífera, insensible; más engendradora de bastardos que destructora de hombres la guerra.

Segundo sirviente:
Cierto. Y así como la guerra de alguna manera se puede decir que es una violadora, lo mismo no se puede negar que la paz es una gran hacedora de cornudos.

Primer sirviente:
Sí, y hace que los hombres se odien unos a otros.

Tercer sirviente:
Con razón: porque entonces se necesitan menos unos a otros. Todo mi dinero por la guerra. Espero ver a los romanos tan baratos como a los volscos. Están en alza, se están alzando.

Primer y segundo sirviente:[358]
¡Adentro, adentro, adentro, adentro!

(*Salen.*)

---

[357] "De un andar animoso": *sprightly walking*; A. Pope enmienda por *sprightly, waking*, "animada, despertadora". C. J. Sisson observa que aquí la guerra es imaginada como un perro de caza en una cacería: *audible*, "audible", por los ladridos, y *full of vent*, "llena de venteo (olfateo de presas)", traducido "da que ventear"; con todo, *vent* se emplea también varias veces en esta obra con el sentido de "ventear (palabras), hablar" (por ejemplo en la primera escena del acto tercero).

[358] *Both*, "ambos", en la primera edición en folio; G. Steevens enmienda por *all*, "todos".

ESCENA VI

[*Roma.*]

(*Entran los dos tribunos, Sicinio y Bruto.*)

Sicinio:
Nada sabemos de él, ni hace falta temerle;
El remedio es la calma, la paz que ahora vivimos[359]
Y la quietud del pueblo, que hace poco mostraba
Salvaje agitación. Hacemos sonrojar
A sus amigos pues va bien el mundo, quienes,
Aunque ellos lo sufrieran, preferirían ver
Montones disidentes apestando las calles
Que a nuestros comerciantes en sus tiendas y en
 [marcha
A sus funciones amigablemente.

(*Entra Menenio.*)

Bruto:
Nos plantamos en buen momento. ¿Ése es
 [Menenio?

---

[359] *His remedies are tame, the present peace*; L. Theobald enmienda por ... *tame i'th'present peace*, en cuyo caso, en lugar de "el remedio (contra Coriolano) ...", el sentido pasaría a ser "sus remedios (los de Coriolano para volver) son mansos (débiles) en la paz...". En Plutarco la situación es bastante inversa: el odio de los patricios a los plebeyos por el destierro de Coriolano causaba grandes conmociones, y varias señales del cielo contribuían al desasosiego general. El cambio que introduce Shakespeare contrasta la (aparente) calma reinante en Roma con el entusiasmo guerrero que acaban de manifestar los sirvientes de Aufidio.

Sicinio:
Sí, es él. Últimamente se ha vuelto muy amable.
¡Salud, señor!

Menenio:
          ¡Salud para los dos!

Sicinio:
A vuestro Coriolano no se lo echa de menos
Salvo entre sus amigos. Está en pie la república,
Y así estaría si a él le diera eso más rabia.

Menenio:
Todo está bien; y habría sido mejor, si hubiera
Podido él transigir.

Sicinio:
          ¿Dónde está, sabéis vos?

Menenio:
No, no he sabido nada.
La madre y la mujer no saben nada de él.

    (*Entran tres o cuatro ciudadanos.*)

Todos [los ciudadanos]:
¡Los dioses a ambos guarden!

Sicinio:
               Buenas tardes, vecinos.

Bruto:
Buenas tardes a todos, buenas tardes a todos.

Primer ciudadano:
De rodillas nosotros, nuestros hijos y esposas
Por vosotros oramos.

Sicinio:
                     Vivid y prosperad.

Bruto:
Adiós, buenos vecinos. Ojalá Coriolano
Os hubiera querido tanto como nosotros.

Todos [los ciudadanos]:
¡Los dioses os protejan!

Los dos tribunos:
Adiós, adiós.

(*Salen los ciudadanos.*)

Sicinio:
Éste es un tiempo más agradable y feliz
Que cuando estos compadres por las calles corrían
Gritando confusión.

Bruto:
                  Cayo Marcio era un digno
Oficial en la guerra, pero era un insolente,
Altivo por demás, ambicioso sin límites,
Amante de sí mismo.

Sicinio:
                  Y aspirante a un trono único
Sin compañía alguna.

Menenio:
> Yo no lo veo así.

Sicinio:
Y habríamos hallado, para lamento nuestro,
De haber llegado a cónsul, que en esto él era así.

Bruto:
Los dioses lo impidieron por nuestro bien, y Roma
Está a salvo y tranquila sin él.

(*Entra un edil.*)

Edil:
> Dignos tribunos,

Hay un esclavo, a quien hemos puesto en prisión,
Que informa que los volscos con dos fuerzas
    [distintas
Han invadido ya territorios romanos,
Y con la hostilidad más honda de la guerra
Destruyen cuanto encuentran por delante.[360]

Menenio:
> Es
  [Aufidio
Que, una vez enterado del destierro de Marcio,

---

[360] Shakespeare omite, en afán de síntesis dramática, el proceso que según Plutarco lleva a la invasión volsca: un incidente diplomático que sirve de excusa para romper la tregua, y la designación en asamblea de Coriolano como general junto a Aufidio; tal omisión vuelve aquí sorpresiva la noticia, que contrasta abruptamente con las palabras anteriores de Bruto.

Ahora asoma hacia el mundo nuevamente sus
   [cuernos,
Que guardó mientras Marcio fue defensor de
   [Roma,
Sin atreverse a espiar.[361]

Sicinio:
Vamos, ¿qué estáis hablando vos de Marcio?

Bruto:
Que azoten al que trajo tal rumor. No es posible
Que rompan con nosotros los volscos.

Menenio:
                              ¿No es posible?
Si tenemos registro de que bien puede ser,
Y ha habido tres ejemplos de casos similares
En mi vida. Más bien discutid con el hombre,
Antes de castigarlo, dónde oyó la noticia,
No sea que azotéis a vuestra información,
Golpeando al mensajero que os hace la advertencia
De lo que hay que temer.

Sicinio:
                    No me vengáis con cuentos,
Yo sé que no es posible.

---

[361] La imagen es la de un caracol, que oculta sus cuernos cuando tiene miedo; acaso Shakespeare haya tenido en mente que *snail*, "caracol", era la palabra inglesa empleada para traducir la latina *testudo*, "tortuga", que designaba a una especie de ariete cubierto y con ruedas utilizado por los romanos en el asalto a ciudades.

Bruto:
                    No puede ser, sin duda.

(*Entra un mensajero.*)

Mensajero:
Los nobles están yendo con gran severidad
Hacia el senado todos. Llegan ciertas noticias
Que les hacen cambiar la cara.

Sicinio:
                    Es el esclavo...
Azotadlo a la vista del pueblo...; su rumor,
Nada hay más que su informe.

Mensajero:
                    Mi digno señor, sí,
Se agregó otro al informe del esclavo, y hay más,
Más temibles reportes.

Sicinio:
          ¿Qué cosa más temible?

Mensajero:
Se dice abiertamente, desde distintas bocas
–Hasta dónde es probable yo no lo sé–, que
          [Marcio,
Unido a Aufidio, guía contra Roma una fuerza
Y promete venganza tan extensa que abarque
Del más viejo al más joven.

Sicinio:
                              Eso sí es verosímil.

Bruto:
Son rumores, así los débiles desean
Al buen Marcio otra vez en casa.

Sicinio:
                              Ésa es la táctica.

Menenio:
Pero es inverosímil.
Es tan posible que él y Aufidio se unan como
Que lo hagan los contrarios más violentos.

   (*Entra* [*otro*] *mensajero.*)

Segundo mensajero:
Os mandan a llamar desde el senado.
Unas fuerzas temibles, que avanzan comandadas
Por Cayo Marcio, aliado con Aufidio, se enfurian
Con nuestros territorios y han arrasado ya
Al pasar, consumido con fuego y conquistado
Lo que había delante.

   (*Entra Cominio.*)

Cominio:
¡Ah, buena la habéis hecho!

Menenio:
                              ¿Qué noticias se saben?

Cominio:
Fuisteis de ayuda para violar a vuestras hijas
Y derretir los techos sobre vuestras molleras,
Deshonraros a esposas ante vuestras narices...

Menenio:
¿Cuáles son las noticias? ¿Cuáles son las noticias?

Cominio:
Vuestros templos quemados hasta las bases y
El voto, en que insistíais vosotros, confinado
Al hoyo de un taladro.

Menenio:
                    Por favor, las noticias.
Ah, linda la habéis hecho, me temo. ¿Qué noticias?
De haberse unido Marcio con los volscos...

Cominio:
                            ¿De haberse?
Es para ellos su dios. Los manda como un ser
Al que hizo otra deidad que la Naturaleza,
Capaz de crear a un hombre mejor, y ellos lo
    [siguen
Contra nosotros, críos, con no menos confianza
Que los niños persiguen mariposas de estío
O un carnicero mata moscas.[362]

Menenio:

---

[362] Recuérdese el relato sobre el hijo de Marcio persiguiendo una mariposa en la tercera escena del acto primero.

¡Buena la hicisteis,
Vosotros y esa gente en delantal, vosotros que
 [insistíais
Tanto en la voz de las ocupaciones y
El aliento con ajo![363]

Cominio:

Va a sacudiros él
En torno a las orejas vuestra Roma.

Menenio:

Como Hércules
Sacudió el dulce fruto.[364] ¡Sí, linda la habéis hecho!

Bruto:
¿Pero es verdad, señor?

Cominio:

Claro, y os pondréis pálidos
Antes que hallar que no. Ya todas las regiones
Se sublevan sonrientes, y quienes se resisten
Reciben burlas por su valiente ignorancia
Y mueren tontos fieles.[365] ¿Quién lo puede culpar?
Los enemigos vuestros y de él algo le encuentran.

---

[363] "Gente en delantal" (*apron-men*): los artesanos (*occupation*, "ocupaciones"), que usan delantal. "Voz" (*voice*): como antes en esta obra, "voto", y jugando con el sentido literal a continuación, "aliento con ajo (al emitir la voz)".

[364] Alusión a uno de los doce trabajos de Heracles o Hércules, que consistió en arrancar manzanas de oro en el Jardín de las Hespérides.

[365] Según Plutarco, tras los primeros éxitos en la invasión, Aufidio con

Menenio:
Pues estamos perdidos todos, salvo
Que ese noble hombre tenga piedad.

Cominio:
                      ¿Quién va a pedírsela?
No pueden los tribunos por la vergüenza; el pueblo
Merece de su parte tal piedad como el lobo
De parte del pastor. En cuanto a sus amigos,
Si dijeran "sed bueno con Roma", lo instarían
Igual que harían quienes han merecido su odio,
Y así se mostrarían enemigos.

Menenio:
                      Verdad.
Si a mi casa estuviera poniéndole él la tea
Que fuera a consumirla, yo no tendría cara
Para decir "no, os ruego". Tuvisteis buena mano,
Sí, ¡con vuestros obreros!, ¡linda obra![366]

Cominio:
                      Habéis traído
A Roma tal temblor que nunca ha sido tan
Incapaz de remedio.

---

sus fuerzas se queda a defender lo conquistado y Coriolano con las suyas continúa el avance; mientras en Roma la plebe se niega a salir en defensa de los aliados de su patria y pretende revocar el destierro de Coriolano y llamarlo de vuelta, varias ciudades que él ataca se entregan sin pelear (de allí *smiling*, "sonrientes").

[366] "Obreros / obra": *crafts* ("artesanos") / *crafted* ("obrado como un artesano" y "obrado astutamente, taimadamente").

Los dos tribunos:
>No digáis que nosotros.

Menenio:
¿Quién? ¿Nosotros? Lo amábamos pero, como
>[unas bestias
Y unos nobles cobardes, cedimos al tumulto
Con que lo echasteis de esta ciudad.

Cominio:
>Pero me temo
Que rugirán por él otra vez. Tulo Aufidio,
El segundo en renombre, sigue su guía como
Si fuera su oficial. La desesperación
Es toda la política, la fuerza y la defensa
Que puede oponer Roma.

(*Entra un tropel de ciudadanos.*)

Menenio:
>Ved, ahí viene el tumulto.
¿Y está con él Aufidio? Sois vosotros que habéis
Hecho insalubre el aire, cuando habéis arrojado
Vuestras gorras grasientas y hediondas gritando
>[hurras
Por el exilio de Coriolano. Ahora él viene,
Y ni un pelo de cada cabeza de soldado
Dejará de ser látigo. Tantas crestas de necios
Como gorras lanzasteis él va a tirar abajo
En recompensa de vuestras voces. No importa;
Si él puede convertirnos en una brasa a todos,
Nosotros lo tenemos merecido.

Todos [los ciudadanos]
A fe, oímos temibles noticias.

Primer ciudadano:
                              Por mi parte,
Cuando dije "al destierro", dije que era una lástima.

Segundo ciudadano:
Y yo también.

Tercer ciudadano:
Y yo también, y, a decir verdad, también muchos de nosotros. Lo que hicimos, lo hicimos para mejor, y aunque consentimos voluntariamente que lo desterraran, igual fue contra nuestra voluntad.[367]

Cominio:
Buenas piezas, vosotros, oh voces.

Menenio:
                              Bien la hicisteis
Vosotros y esta cría. ¿Vamos al Capitolio?

Cominio:
Ah, claro, ¿y si no qué?

(*Salen* [*Cominio y Menenio*].)

---

[367] ... *though we willingly consented to his banishment, yet it was against our will*, paradoja probablemente inspirada por *Ilíada*, IV.43 en traducción inglesa de G. Chapman: *I grant thee willingly, although against my will*, "te cedo voluntariamente, aunque contra mi voluntad".

Sicinio:
Id a casa, señores; no os sintáis consternados.
Éstos son de un partido que querría que fuera
Verdad lo que parecen temer. Idos a casa
Y no mostréis señales de temor.

Primer ciudadano:
¡Los dioses nos asistan! Bien, señores, a casa.
Siempre dije que errábamos cuando lo
　　　[desterramos.

Segundo ciudadano:
También todos nosotros.

　　(*Salen los ciudadanos.*)

Bruto:
Estas noticias no me gustan.

Sicinio:
　　　　　　　　Y a mí menos.

Bruto:
Vamos al Capitolio. Daría la mitad
De mi hacienda por que esto fuese mentira.

Sicinio:
　　　　　　　　　　　Vamos.

　　(*Salen.*)

ESCENA VII

[*Cerca de Roma.*]

(*Entra Aufidio con su lugarteniente.*)

Aufidio:
¿Continúan pasándose al romano?

Lugarteniente:
No sé qué hechicería tendrá, pero se ha vuelto
Para vuestros soldados rezo antes de comer,
La charla mientras comen, las gracias al final,
Y en esta acción, señor, vos sois oscurecido
Incluso por los vuestros.[368]

Aufidio:
                    No puedo remediarlo
Por ahora sin usar medios que lisiarían
Nuestros fines. Se porta más orgullosamente,
Con mi persona incluso, de lo que imaginé
En el primer abrazo. Pero su natural
No es en eso voluble, y he de excusar aquello
Que no puede enmendarse.

Lugarteniente:
                    Yo igual, señor, querría
Que, por vuestro interés, no os hubierais unido
En el mando con él, sino más bien que hubierais

---

[368] "Acción" (*action*): acción militar. "Los vuestros" (*your own*): vuestros soldados.

CORIOLANO

Conducido la acción por vos mismo, o si no
Se la hubieseis dejado para él solo.³⁶⁹

Aufidio:
Te comprendo muy bien, y puedo asegurarte
Que al momento en que él deba rendir cuentas,
    [ignora
Lo que puedo alegar contra él. Aunque parece,
Y eso mismo piensa él, y no es menos visible
A los ojos del vulgo, que en todo él bien se porta
Y es un buen servidor para el estado volsco,
Lucha como un dragón y triunfa ni bien saca
De la vaina su espada, no hizo igual lo que puede
Romperle el cuello o bien poner en riesgo el mío
Cuando llegue el momento de rendir nuestras
    [cuentas.³⁷⁰

---

³⁶⁹ La expresión *joined in commision with*, "unido en el mando con", proviene textualmente de Plutarco en versión inglesa de T. North, donde está incluida dentro del pasaje en que Aufidio y Coriolano son designados generales por una asamblea volsca.

³⁷⁰ No hay aquí ningún dato sobre cuál pueda ser la omisión de Coriolano que, según Aufidio, habrá de costarle cara. En Plutarco, cuando el senado rechaza la propuesta plebeya de llamar de vuelta al desterrado, éste avanza airado y acampa a escasa distancia de Roma; entonces amaina el rencor entre patricios y plebeyos, y se decide unánimemente enviar una embajada; Coriolano la recibe, exige para los volscos la restitución de las ciudades perdidas en guerra y la igualdad de derechos civiles, otorga a los romanos treinta días para deliberar y se dirige con sus fuerzas a atacar otras ciudades aliadas de Roma; muchos volscos, y en especial Aufidio, celoso porque su renombre se había visto oscurecido por el de Coriolano, interpretaron la actitud de éste como una retirada, y así surgió el primer disgusto con él, a quien comenzaron a acusar secretamente de traición.

Lugarteniente:
Señor, ¿vos qué pensáis?, ¿que él va a tomar a
    [Roma?

Aufidio:
Todos se rinden a él antes de que los sitie,
Y tiene a la nobleza de Roma de su parte;
Los senadores y los patricios lo quieren.
Los tribunos no son soldados, y su pueblo
Se va a precipitar para llamarlo tanto
Como hizo al expulsarlo. Creo que él será a Roma
Como es al pez el águila marina, que lo apresa
Por la soberanía natural.[371] Primero él
Fue para ellos un noble servidor, mas falló
En mesura al llevar honores; fuese orgullo,
Que con la cotidiana fortuna siempre vicia
Al venturoso; fuese la carencia de juicio,
Para sacar provecho de aquellas circunstancias
De las que era él señor, o la naturaleza,
Por no ser más que siempre lo mismo, sin mudarse
Del casco hacia el cojín, sino en la paz mandando
Con una austeridad y una conducta tales
Como usaba en la guerra;[372] pero una de esas
    [fallas,

---

[371] Hay en la literatura isabelina testimonios de la creencia en que el águila pescadora tenía un poder natural para fascinar a los peces, que se le entregaban sin resistencia.

[372] "Casco / cojín" (*casque / cushion*): de la actividad de guerrero a la de senador; respecto al cojín como símbolo senatorial, ver acotación al inicio de la segunda escena del acto segundo y la crítica de Coriolano a los senadores, en la primera escena del acto tercero, por ceder a los tribunos cojín a su lado. "Austeridad / conducta" (*austerity and garb*): conducta austera, endíadis.

Pues tiene condimentos de todas, no del todo,
Hasta allí oso absolverlo, fue que lo hizo temido,
Y odiado, y desterrado; pero tiene él un mérito
Que la obstruye al ser dicha.[373] Y así nuestras
    [virtudes
En la interpretación de la época residen,
Y el poder, en sí mismo de lo más encomiable,
No tiene tan visible tumba como una silla
Para ensalzar lo que hizo.
Un fuego expulsa un fuego, y un clavo un clavo
    [saca;
Un derecho anula otro, y una fuerza a otra aplaca.
Vámonos. Cayo, cuando Roma esté en tu poder,
Tú serás el más pobre, y allí mío has de ser.

(*Salen.*)

---

[373] "La (obstruye)": *it*, que podría tener dos antecedentes: uno, el más plausible y el que asume la traducción, es "una de esas fallas"; el otro es "mérito", en cuyo caso el sentido sería "un mérito que se obstruye al ser dicho".

ACTO V

ESCENA I

[*Roma.*]

(*Entran Menenio, Cominio, Sicinio* [*y*] *Bruto, los dos tribunos, con otros.*)[374]

Menenio:
No, yo no iré. Ya oísteis vosotros lo que ha dicho
Quien fue su general antaño, y lo estimaba
Con cariño especial.[375] Él me llamaba padre,
Pero, ¿y qué? Andad vosotros, que lo habéis
    [desterrado;

---

[374] Los "otros" podrían ser o bien patricios, a quienes habrían recurrido los tribunos para tratar de convencer a Menenio, o bien plebeyos, puesto que según Plutarco el rencor entre clases amainó ante la proximidad de la amenaza externa y se decidió unánimemente enviar una embajada.

[375] Shakespeare hace referir aquí y en el curso de esta escena una embajada de Cominio, y dramatiza otra igualmente personalizada en el próximo acto; en Plutarco las embajadas son tres: una de parientes y amigos de Coriolano, no identificados, ya descrita en nota durante la escena anterior; la segunda, cuando Coriolano y sus fuerzas vuelven a estar cerca de Roma, para pedir que se retiren del territorio porque ellos no van a hacer concesiones por temor, a lo que reciben como respuesta una ratificación de las condiciones anteriores y un nuevo plazo de tres días; la tercera, de sacerdotes y otras personalidades de los cultos, que no obtuvo ninguna concesión.

Una vez a una milla de su tienda, seguid
De rodillas buscando piedad. No, si evadió
Escuchar a Cominio, yo me quedo en mi casa.

Cominio:
No parecía que me conociera.

Menenio:
                    ¿Oís?

Cominio:
Sin embargo una vez me llamó por mi nombre.
Invoqué nuestra antigua relación y las gotas
Que ambos juntos habíamos vertido. A
        ["Coriolano"
No quiso responder; prohibió todos los nombres;
Era pues una especie de nada, alguien sin títulos,
Hasta tanto se hubiese forjado un nombre nuevo
En el fuego de Roma toda en llamas.

Menenio:
Caray, ya veis, ¡muy buena la habéis hecho
        [vosotros!
Un buen par de tribunos que arruinasteis a Roma
Para hacer bien barato carbón, ¡noble recuerdo![376]

Cominio:
Yo le traje a la mente qué regio era el perdón

---

[376] "Arruinasteis": *wracked for*; A. Pope enmienda por *racked for*, "os esforzasteis por"; varias otras enmiendas se han propuesto para el caso. "Barato carbón": gracias al incendio de Roma, que quedará reducida a carbón.

Cuando no se esperaba. La respuesta de él fue
Que era una petición indigna de un estado
Hacia quien castigaran ellos mismos.

Menenio:

                                        Muy bien.
¿Podía decir menos?

Cominio:
Entonces me propuse despertarle la estima
Por sus íntimos. Él a eso me respondió
Que no tenía tiempo de escoger en la parva
De paja rancia y fétida.[377] Dijo que era locura
Por sólo un grano o dos dejarla sin quemar
Y continuar oliendo tal ofensa.

Menenio:
¡Por sólo un grano o dos!
Yo soy uno; la madre, la esposa de él, el hijo
Y este bravo compadre también; somos los granos.
La paja rancia sois vosotros, y se os huele
Desde la luna. Y hemos de arder por causa vuestra.

Sicinio:
No, os lo ruego, calmaos. Si os negáis a prestar
Una ayuda jamás tan necesaria, no
Reprendáis nuestra angustia. Pero si en abogado
De nuestra patria fueseis, pues vuestra buena lengua

---

[377] "... recogerá su trigo en el granero, pero la paja la quemará con fuego que no se apaga" (*Mateo*, III.12); "¿Así que vas a borrar al justo con el malvado? ..." (*Génesis*, XVIII.23-33).

Más que el rápido ejército que podamos armar,
A nuestro compatriota detendría.

Menenio:
                              No voy.

Sicinio:
Id ante él, os lo ruego.

Menenio:
                        ¿Qué he de hacer?

Bruto:
Solamente probad qué puede vuestro afecto
A Marcio hacer por Roma.

Menenio:
                        Bien, digamos que
    [Marcio
Me hace volver igual que Cominio volvió,
Desoído –¿qué entonces?–, nomás como un amigo
Insatisfecho, herido por el maltrato de él.
Digamos que así fuera.[378]

Sicinio:
                    Vuestra buena intención
Sería agradecida por Roma en la medida
De vuestro buen propósito.

---

[378] La traducción regulariza un poco el metro de estos versos que en la primera edición en folio presentan varias irregularidades, no salvadas del todo por ninguno de los reordenamientos que se han propuesto.

Menenio:
                    Me comprometo a hacerlo.
Espero que me escuche. Pero morderse el labio
Y ese "hum" ante Cominio me desanima mucho.
No lo han hallado bien; aún no había comido;
Con venas sin llenar, está fría la sangre,
Miramos mal al día, no estamos en momento
De dar o perdonar; si en cambio rellenamos
Esos conductos y esos canales de la sangre
Con vino y alimento, se hace el alma más dócil
Que al ayunar como un sacerdote. Por eso
Veré que haya comido para mi petición,
Y sólo entonces voy a arremeter.

Bruto:
Vos conocéis la senda de su amabilidad
Y no podéis perderos.

Menenio:
                    A fe, lo pondré a prueba,
Veremos qué resulta. Muy pronto he de saber
Qué éxito tengo.

   (*Sale.*)

Cominio:
                    Él nunca querrá escucharlo.

Sicinio:
                                        ¿No?

Cominio:
Os digo, está sentado sobre oro,[379] con los ojos
Rojos como queriendo quemar Roma; su agravio
Prisión de su piedad. Ante él fui a arrodillarme;
Débilmente me dijo "de pie"; con mano muda,
Así, me despidió. Lo que quería hacer
Lo mandó por escrito tras de mí, lo que no,
Sujeto a un juramento de que sus condiciones se
 [aceptaran.[380]
Toda esperanza es vana, por lo tanto,
Con la excepción de su noble madre y su esposa,
Quienes, por lo que oí, piensan ir a implorarle
Merced para su patria.[381] De modo que vayamos
A hacerlas ir de prisa con nuestras buenas
 [súplicas.[382]

(*Salen.*)

---

[379] "Sobre oro": sobre un trono de oro; según Plutarco, la primera embajada, la de parientes y amigos, halló a Coriolano sentado con gran pompa.

[380] En el original no es hipérmetro este último verso sino el anterior, a diferencia de lo que ocurre en la traducción, que acude a tal recurso a fin de mantener la literalidad en una frase algo confusa y para la que se han postulado muy diversas enmiendas; todo puede aclararse con la imposición de cierto orden que acaso falte en Cominio por la turbación: "él envió por escrito tras de mí lo que quería hacer y lo que no (esto es, lo que concedería y lo que no) ...".

[381] "Con la excepción de": *unless*, que, de ser traducido más literalmente "a menos que", revelaría una dificultad similar a la descrita en la nota anterior.

[382] En Plutarco, quienes van a implorarle a Volumnia son las damas romanas, lideradas por Valeria, según se apunta en nota durante la tercera escena del acto primero.

ESCENA II

[*Cerca de Roma.*]

(*Entra Menenio hacia la guardia o custodia.*)[383]

Primer guardia:
Alto. ¿De dónde sois?

Segundo guardia:
      Deteneos, atrás.

Menenio:
Veláis como hombres; bien; mas, con vuestra
  [licencia,
Yo soy un oficial de estado y he venido
A hablar con Coriolano.

Primer guardia:
      ¿Desde dónde?

Menenio:
      De Roma.

Primer guardia:
No pasaréis, marchaos; pues nuestro general
Nada más quiere oír que de allí venga.

---

[383] "O (custodia)": *or*; R. Brower sugiere un probable error en lugar de *on* "en (custodia)".

Segundo guardia:
Antes veréis abrazos de fuego a vuestra Roma
Que hablar con Coriolano.

Menenio:
                              Buenos amigos míos,
Si hablar de Roma oísteis a vuestro general
Y de su gente allí, puedo apostar seguro[384]
Que mi nombre tocó vuestro oído: Menenio.

Primer guardia:
Tal vez sí; retiraos. La virtud de ese nombre
No tiene paso aquí.

Menenio:
                              Compañero, te digo
Que el general me tiene gran estima. Yo fui
El libro de sus actos, donde han leído muchos
Su nombre incomparable, tal vez amplificado;
Porque yo a mis amigos siempre verifiqué,[385]
De los que él es primero, con cuanto la verdad
Tolera sin desliz. No, si a veces incluso,
Lo mismo que una bocha por suelo en desnivel,
Pasé de largo el tiro y en alabanza suya
Casi imprimí algo falso. Por eso, compañero,
Debo tener licencia de pasar.

---

[384] *It is lots to blanks*, "es billetes (de lotería) ganadores contra perdedores", o "es todos los billetes contra los (billetes) perdedores"; en cualquiera de ambos casos, la idea es "apostar sobre seguro".

[385] *Verified*, "respaldar mediante testimonio" (OED, que cita este único pasaje como ejemplo de tal acepción); varias enmiendas se han postulado, entre ellas *varnished*, "barnicé", y *magnified*, "magnifiqué".

Primer guardia:
A fe, señor, si hubierais contado tantas mentiras por él como palabras pronunciasteis por vos, no habríais de pasar, no, ni aunque fuera tan virtuoso mentir como vivir castamente. Por eso, marchaos.

Menenio:
Por favor, compañero, recuerda que mi nombre es Menenio, siempre partidario de vuestro general.

Segundo guardia:
Como sea que hayáis sido su mentiroso, según decís que fuisteis, yo soy alguien que, diciendo la verdad a las órdenes de él, debe decir que no podéis pasar. Por eso, marchaos.

Menenio:
¿Ha comido, puedes decirme? Pues no querría hablar con él hasta después de la comida.

Primer guardia:
Sois romano, ¿no es cierto?

Menenio:
Sí, como tu general.

Primer guardia:
Entonces deberíais odiar a Roma como él. ¿Podéis pensar, cuando habéis empujado de vuestras puertas a su verdadero defensor y por una violenta ignorancia popular entregado a vuestro enemigo vuestro escudo, que enfrentaréis las venganzas de él con los fá-

ciles gemidos de las ancianas, las palmas virginales de vuestras hijas, o con la intercesión paralítica de un chocho en decadencia como parecéis ser vos?[386] ¿Podéis pensar que apagaréis el fuego prometido en que vuestra ciudad está lista para arder con un aliento tan débil como ése?[387] No, os engañáis; por eso, volveos a Roma y preparaos para vuestra ejecución. Estáis condenados, nuestro general ha jurado no daros respiro ni perdón.

Menenio:
Señorito, si tu capitán supiera que yo estoy aquí, me trataría con estima.

Segundo guardia:
Vamos, mi capitán no os conoce.

Menenio:
Quiero decir tu general.

Primer guardia:
A mi general no le importáis. Volveos, os digo, marchaos, que si no, voy a hacer salir vuestra media pinta de sangre; volveos, eso es lo máximo que obtendréis: ¡volveos!

Menenio:
No, pero, compañero, compañero...

---

[386] "Palmas" (*palms*): las manos en actitud de ruego.
[387] "Aliento" (*breath*): el que gasta Menenio en hablar (esto es, sus palabras) y el que emplearían los romanos para tratar de apagar el fuego soplando.

(*Entra Coriolano con Aufidio.*)

Coriolano:
¿Qué ocurre?

Menenio:
Ahora, camarada, voy a dar un recado de parte vuestra. Ahora vais a ver que se me estima; vais a advertir que un Juan vigilante no tiene oficio para apartarme de mi hijo Coriolano.[388] Adivina nomás mi recibimiento ante él; si no estás en estado de ahorcamiento, o de alguna muerte más larga de contemplar y más cruel de sufrir, observa ahora mismo y desmáyate por lo que está por venirte.[389]

[*A Coriolano.*]

¡Que los gloriosos dioses se sienten hora a hora en un sínodo acerca de tu particular prosperidad y te amen no menos que tu viejo padre Menenio! ¡Ah, hijo mío, hijo mío! Tú estás preparando fuego para nosotros; fíjate, aquí hay agua para apagarlo.[390] Fue difícil moverme a venir ante ti; pero como me aseguraron que nadie si no yo podría conmoverte, me he dejado arrastrar fuera de vuestras puertas por los suspi-

---

[388] "Juan" (*Jack*): don Nadie.
[389] "Nomás mi (recibimiento)": *but my (entertainment)*; E. Malone enmienda por *but by my*, "nomás por mi..."; a partir de esto, otros editores enmiendan también la puntuación por "... nomás por mi recibimiento, si... de sufrir; observa...".
[390] "Agua" (*water*): lágrimas.

ros;[391] y te conjuro a que perdones a Roma, y a tus peticionantes compatriotas. Que los buenos dioses mitiguen tu cólera, y vuelvan las heces de ella contra este criado de aquí, éste, que, como un tarugo, me ha negado acceso a ti.[392]

Coriolano:
¡Fuera!

Menenio:
¿Cómo? ¿Fuera?

Coriolano:
Mujer, madre, hijo no conozco. Mis asuntos
Son hoy sirvientes de otros. Si bien personalmente
Me es propia la venganza, mi clemencia reside
En corazones volscos. Que hayamos sido próximos,
Eso ha de envenenarlo más el ingrato olvido
Que advertir a qué punto la piedad. Vete, pues.
Pueden más mis oídos contra vuestras demandas
Que vuestras puertas contra mi fuerza. Sin embargo,
Pues te quise, toma esto;

[*Le entrega una carta.*]

lo escribí para ti
Y lo habría mandado. Menenio, otra palabra

---

[391] "Vuestras": *your*, llamativo uso del trato de respeto precedido (*thee*, "-te") y seguido (*thy*, "tus") por el de confianza; la cuarta edición en folio enmienda por *our*, "nuestras"; en cualquier caso, es obvio que se trata de las de Roma.

[392] "Tarugo" (*block*): "madero" e "imbécil".

No quiero oírte hablar. Aufidio, este hombre me era
En Roma muy querido. ¡Sin embargo, ya ves!

Aufidio:
Mantenéis un carácter muy constante.

(Salen [Coriolano y Aufidio. Permanecen] la guardia y Menenio)

Primer guardia:
¿Y bien, señor, vuestro nombre es Menenio?

Segundo guardia:
Ya veis que es un hechizo muy poderoso. El camino de vuelta a casa lo conocéis ya.

Primer guardia:
¿Oís cómo nos reprendieron por haber retenido a vuestra grandeza?

Segundo guardia:
¿Qué causa pensáis que tengo para desmayarme?

Menenio:
Nada me importa del mundo ni de vuestro general. De seres como vosotros, apenas si puedo pensar que existe alguno, tan poca cosa sois. El que tiene voluntad de morir por sí mismo no lo teme de parte de otro.[393] En cuanto a vosotros, ¡que seáis lo que sois,

---

[393] Del mismo modo que los guardias acaban de recordar, socarronamente, palabras anteriores de Menenio, él hace otro tanto con las de

mucho tiempo, y que vuestra miseria aumente con vuestra edad! Os diré como me dijeron a mí: ¡Fuera!

(*Sale.*)

Primer guardia:
Un noble compañero, lo garantizo.

Segundo guardia:
El digno compañero es nuestro general; él es la roca, el roble que el viento no sacude.

(*Salen.*)

---

ellos; aquí en particular alude a la amenaza de verter su "media pinta de sangre".

ESCENA III

[*Cerca de Roma.*]

(*Entran Coriolano y Aufidio* [*con soldados volscos*].)[394]

Coriolano:
Mañana ante los muros de Roma asentaremos
Nuestras huestes. Colega de esta acción, vos debéis
Contar a los señores volscos con qué llaneza
He llevado este asunto.

Aufidio:
                    Tan sólo a sus propósitos
Os atuvisteis vos, los oídos cerrasteis
A todas las demandas de Roma, no admitisteis
Ni un susurro en privado, no, ni con los amigos
Que de vos se creían seguros.

Coriolano:
                    El viejo último,
A quien he enviado a Roma con el corazón roto,
Me tenía un afecto más grande que el de un padre;
No, más, él me endiosaba. Fue el último recurso
Para ellos enviarlo a él, por cuyo viejo afecto,
Aunque fui con él áspero, yo ofrecí una vez más

---

[394] La presencia de Aufidio junto a Coriolano (como ya en la escena anterior) no proviene de Plutarco, según el cual el general volsco se había quedado a defender las ciudades tomadas; en lo demás, esta escena debe mucho a la versión del historiador.

Las mismas condiciones que han rechazado y
    [ahora
No pueden aceptar, como favor sólo a él,
Que creía poder hacer más.³⁹⁵ Es muy poco
Lo que he cedido; a nuevas embajadas y súplicas,
Ni del estado ni de amigos, de aquí en más
Voy a prestar oídos.

(*Grito dentro.*)

                        Eh, ¿qué grito ha sido ése?
¿Habré de ser tentado para infringir mi voto
Al momento de hacerlo? No lo voy a infringir.

(*Entran Virgilia, Volumnia, Valeria, el joven Marcio, con acompañantes.*)

Mi esposa viene al frente, luego el molde
    [honorable
En el cual este tronco se forjó, y de su mano
El nieto de su sangre.³⁹⁶ Pero, ¡fuera, cariño!
¡Lazos y privilegios de la naturaleza,

---

³⁹⁵ "Condiciones... rechazado": las que, según dice Cominio a fines de la escena inicial del acto en curso, envió Coriolano por escrito tras él, aunque el rechazo de ellas no ha ocurrido en escena; en Plutarco, tal como se anotó anteriormente, Coriolano reiteró ante la segunda embajada las mismas condiciones que ante la primera.

³⁹⁶ Si bien en Plutarco es la madre quien marcha a la cabeza, en la versión de T. North que leyó Shakespeare es la esposa; en ambos casos, Coriolano se halla sentado con sus oficiales principales y, al verlas venir, pretende persistir en su inflexibilidad, pero no puede soportarlo y desciende a abrazar primero largamente a su madre y luego a su esposa e hijos.

Rompeos! Y que sea virtud la obstinación.
¿Qué vale ese respeto, los ojos de paloma
Que harían a los dioses perjuros? Me disuelvo,
Mi tierra no es más fuerte que la de otros. Mi
      [madre
Se inclina, como si el Olimpo se encorvara
En súplica delante de una topera; y mi hijo
Tiene un aspecto tal de intercesión, que grita
La gran naturaleza: "no os neguéis". Que los
      [volscos
Aren Roma y alisen Italia; yo jamás
Voy a ser tan polluelo que obedezca al instinto;
Resistiré, como hombre que fuese autor de sí
E ignorase parientes.

Virgilia:
                    ¡Señor mío y esposo![397]

Coriolano:
Estos ojos no son los que tenía en Roma.

Virgilia:
La aflicción que nos hace mostrarnos tan
      [cambiadas
Os lleva a pensar eso.[398]

---

[397] En Plutarco, Virgilia no habla durante estos hechos, y Coriolano la abraza sólo después de haber abrazado a su madre.
[398] "Cambiadas" (*changed*): esto lleva a L. Theobald a agregar, en la acotación de entrada de los suplicantes, que ellos vienen "con ropas de duelo".

Coriolano:
                            Ya como un actor torpe
Olvidé mi papel, y estoy fuera de acción,[399]
Aun hasta la ignominia. Lo mejor de mi carne,
Perdona mi rigor, mas no por esto digas
"Perdona a los romanos".[400]

[*La besa.*]

¡Ah, qué beso tan largo
Como mi exilio, dulce tal como mi venganza!
Por la celosa reina del cielo,[401] que ese beso
Me lo llevé de ti, querida, y mi fiel labio
Fue casto desde entonces. ¡Ah, dioses! Yo doy
        [charla,[402]
Y la madre más noble del mundo permanece
Sin saludos aquí. Húndete, rodilla mía, en tierra;

(*Se arrodilla.*)[403]

De tu hondo deber muestra más profunda impresión
Que la de hijos comunes.[404]

---

[399] *I am out*, expresión que empleaban los actores para indicar que habían olvidado su texto; de allí "acción", que procura retener de algún modo en castellano el doble sentido teatral.

[400] "Por esto" (*for that*): por el hecho de que él le pida perdón a ella.

[401] Juno, que, entre otras atribuciones, era protectora de las mujeres legítimamente casadas.

[402] "Doy charla": *prate*, enmienda de A. Pope a partir de una conjetura de L. Theobald; en la primera edición en folio, *pray*, "rezo".

[403] En Plutarco, Coriolano no se arrodilla en ningún momento durante estos hechos.

[404] "Impresión" (*impression*): "marca (huella impresa)" y "movimiento que las cosas causan en el ánimo" (DRAE, 2 y 7).

Volumnia:
                              ¡Ah, bendito, levántate!

[*Coriolano se levanta.*][405]

Mientras, con no más suave cojín que un pedernal,
Me arrodillo ante ti, e impropiamente yo
Doy muestras del deber, como algo equivocado
Hasta hoy entre los hijos y los padres.

[*Se arrodilla.*][406]

Coriolano:
                                      ¿Qué es esto?
¿Ante mí de rodillas? ¿Vuestro hijo reprendido?

[*La levanta.*]

Que entonces los guijarros de la playa famélica
Peguen a las estrellas; que el viento amotinado
Choque orgullosos cedros contra el llameante sol,
Matando lo imposible, para hacer cosa fácil
Lo que no puede ser.

Volumnia:
                         Ah, tú eres mi guerrero;
Yo he ayudado a forjarte. ¿Conocéis a esta dama?

---

[405] G.R. Hibbard agrega esta acotación aquí; R.B. Parker, al comienzo del próximo parlamento de Coriolano, después que se arrodilla Volumnia; J.P. Collier, al final del próximo parlamento de Coriolano, donde también acota que éste ayuda a levantarse a su madre.

[406] En Plutarco, Volumnia sólo se arrodilla después de sus dos largos discursos, junto con Virgilia y Marcio hijo.

Coriolano:
Ella es la noble hermana de Publícola,
Es la luna de Roma, casta como el carámbano
Que la escarcha cuajó de la más pura nieve
Y en el templo de Diana pende. ¡Cara Valeria![407]

Volumnia:

[*Señalando al hijo de Marcio.*]

Éste es un pobre epítome de lo que sois vos mismo,
Que la interpretación del tiempo entero puede
Mostrar igual a vos.[408]

Coriolano:

¡Que el dios de los soldados,
Con el consentimiento del sumo Jove, informe
Tu mente con nobleza, para que invulnerable
A la vergüenza seas, y en las guerras te afirmes
Como un mojón marino, que resiste las ráfagas
Y salva a quien lo ve![409]

---

[407] "Publícola": Cayo Valerio, uno de los primeros cónsules de Roma, de quien Plutarco se ocupó en una de sus *Vidas*. "Luna / casta / Diana": por Diana, diosa virgen identificada con la luna. Plutarco introduce a Valeria, según se anotó más arriba, como hermana del ya entonces difunto Publícola y mujer de reputación y honor tales como convenían a su linaje, quien a la cabeza de las damas de Roma fue a rogar a Volumnia que fuese a disuadir a su hijo; sin embargo, no la menciona en particular al referir esta embajada en sí.

[408] "Tiempo entero" (*full time*): el necesario para el completo desarrollo del niño.

[409] "Dios de los soldados": Marte, dios romano de la guerra. "Informe" (*inform*): "forme, perfeccione por medio de la instrucción..."

Volumnia:
      Rodilla, señorito.

Coriolano:
¡Ése es mi niño bravo!

Volumnia:
Aun él, vuestra mujer, esta dama y yo misma
Venimos suplicantes ante vos.

Coriolano:
         Calma, os ruego;
O, si solicitáis, recordad antes algo:
La cosa que he abjurado de otorgar no ha de ser
Vista como rechazos por vos. No hagáis pedidos
De que licencie a mis soldados o negocie
De nuevo con obreros de Roma. No digáis
En qué parezco contra natura. No esperéis
Alivianar mis iras y mis venganzas con
Vuestras frías razones.

Volumnia:
       ¡Ah, basta, basta ya!
Habéis dicho que no vais a otorgarnos nada;
Pues nada más tenemos que pedir sino aquello
Que ya habéis rechazado. Pediremos, no obstante,
Para que si falláis al reclamo, la culpa
Penda encima de vuestra dureza. Así que oídnos.

(DRAE, "informar", 2) "Mojón marino" (*sea-mark*): punto de referencia en tierra que toman los marinos para guiar su curso.

Coriolano:
Aufidio, y volscos, todos, atended, porque nada
De Roma escucharemos en privado.[410]

[*Se sienta.*]

Volumnia:
Si hiciéramos silencio, sin hablar, nuestras ropas
Y estado corporal expondrían qué vida
Hemos llevado desde tu exilio. Considera
Con qué peor fortuna que ninguna mujer
Aquí vinimos, puesto que verte, que tendría
Que alegrarnos los ojos y aliviarnos el pecho,
Los constriñe a llorar, temblar de miedo y pena,
Provocando que vean madre y esposa y niño
Al hijo y al esposo y al padre destrozar
Las tripas de su patria. Para nosotros, míseros,[411]
Tu enemistad es más capital: nos impides
Orarles a los dioses, consuelo del que todos
Menos nosotros gozan; porque, ¿cómo podemos,
Cómo podemos, ay, orar por nuestra patria,
Que a ella estamos ligados, junto con tu victoria,
Que a ella estamos ligados? Ay, o hemos de perder
La patria, nuestra cara nodriza, o bien a ti,

---

[410] En Plutarco, Coriolano, tras abrazar a su madre, esposa e hijos, nota que la madre quiere hablar y llama a los principales volscos para que estén presentes. Los siguientes discursos de Volumnia, y luego de todos ellos la respuesta de Coriolano, toman mucho de la fuente, incluso por momentos vocabulario de la versión inglesa de T. North.

[411] "Nosotros": al igual que hace un instante Coriolano, Volumnia podría estar usando el plural mayestático para referirse a sí misma, pero también podría estar incluyendo a su nuera y nieto.

Que en la patria eres nuestro consuelo. Hemos de
    [hallar
Una calamidad, sin duda, aunque tengamos
Deseo de qué parte deba ganar; ya que
O como a un extranjero rendido han de llevarte
Engrillado a través de nuestras calles, o
Habrás de hollar en triunfo las ruinas de tu patria
Y de portar la palma por verter bravamente
Sangre de tu mujer y niño. En cuanto a mí,
Hijo, no he de esperar hasta que la fortuna
Determine esta guerra: si no sé persuadirte
De que una noble gracia muestres hacia ambas
    [partes
Más que buscar el fin de una sola, tú nunca
Marcharás a asaltar tu patria más que hollando
—Créeme, no lo harás—, el vientre de la madre
Que te trajo a este mundo.

Virgilia:

                    Sí, y el mío también,
Que a este niño te trajo para mantener vivo
En el tiempo tu nombre.

Joven Marcio:

                    No habrá de hollarme a mí;
Correré hasta ser grande, y he de pelear
    [entonces.[412]

---

[412] En Plutarco, ni Virgilia ni el hijo hablan en este momento; tampoco Coriolano, cuyo silencio lleva a Volumnia a reanudar su discurso.

Coriolano:
Para no ser tan tierno como es una mujer,
Caras de niño ni de mujer hay que ver.[413]
Mucho estuve sentado.

[*Se levanta.*]

Volumnia:
                    No nos dejéis así.
Si pretendiera nuestro reclamo ahora salvar
A los romanos para deshacer a los volscos
A quienes vos servís, podríais condenarnos
Por venenosos para vuestro honor. No, la súplica
Es de reconciliarlos: que así los volscos puedan
Decir "esta merced mostramos", los romanos
"Ésta hemos recibido", y en ambos lados todos
Darte el "salve" y gritar "¡bendito seas por
Arreglar esta paz!" Tú sabes, ilustre hijo,
Que el final de las guerras es incierto, mas cierto
Que, si conquistas Roma, la ganancia que allí
Habrás de recoger va a ser un nombre tal
Que a su repetición seguirán maldiciones,
Cuya crónica diga: "fue un hombre noble, pero
Con su último conato borró eso totalmente,
Ha deshecho a su patria y el nombre suyo queda
Odioso para el tiempo por venir". Háblame, hijo;
Tú aspiraste a las finas tendencias del honor,
Para imitar las gracias de los dioses, rasgar
Con el trueno las anchas mejillas de los aires,
Y no obstante cargar tu azufre con un rayo

---

[413] La rima enfatiza el tono proverbial de la frase.

Que sólo fuera a hender un roble.[414] ¿Por qué no
 [hablas?
¿Crees tú que resulta digno de un hombre noble
Recordar siempre agravios? Hija mía, hablad vos;
A él no le importa nada que lloréis. Tú, niño, habla;
Acaso tu niñez consiga conmoverlo
Más que nuestras razones. No existe hombre en el
 [mundo
Más ligado a su madre, pero él me deja hablar
Como al que está en el cepo.[415] Nunca en tu vida tú
Te mostraste cortés con tu querida madre,
Y ella, pobre gallina, sin desear otra cría,
Cacareaba a tus guerras y a tu regreso a casa
Recargado de honores.[416] Di injusto a mi reclamo
Y desdeñada envíame; pero si no es así,
No eres honesto, y van a apestarte los dioses,
Puesto que me retiras el deber que le cuadra
Al papel de una madre. Nos da la espalda. Abajo,
Damas, vamos a darle vergüenza de rodillas.
Más orgullo a su nombre de Coriolano cuadra

---

414 "Finas": *fine*, enmienda de S. Johnson; en la primera edición en folio, *fiue* (*five*), "cinco". "Anchas mejillas de los aires": alusión a los querubines de mejillas infladas con que en tiempos de Shakespeare se representaba los vientos en los mapas. "Cargar": *charge*, enmienda de L. Theobald; en la primera edición en folio, *change*, "cambiar". "Y no obstante... roble": "y no obstante, con todas tus terribles demostraciones, no cometer ningún acto de inhumanidad" (C. F. Tucker Brooke).

415 "A quien está en el cepo": y, por lo tanto, sólo tiene libre la lengua (C. F. Tucker Brooke).

416 Tanto el reproche por falta de cortesía como especialmente la imagen de la proverbialmente temerosa gallina, ambos sin antecedentes en Plutarco, contradicen, acaso desesperadamente, el carácter casi masculino del que hacía gala antes Volumnia en esta obra.

Que piedad a estos ruegos. ¡Abajo! Éste es el fin;
Esto es lo último. Así, volveremos a Roma
A morir entre nuestros vecinos. No, no, míranos.
El niño, que no sabe decir qué quiere pero
Hincado alza las manos por camaradería,
Da razones a nuestra petición con más fuerza
Que la que al rechazarla tienes tú. Vamos, vámonos.
El camarada tuvo como madre a una volsca;
Su esposa está en Corioles, y el hijo es parecido
A él por casualidad. Sin embargo, despáchanos;
Yo callo hasta que esté nuestra ciudad en llamas,
Y entonces voy a hablar un poco.

Coriolano:

(*La toma de la mano en silencio.*)[417]

¡Ah, madre,
[madre!
¿Qué habéis hecho? Observad, se abre el cielo, los
[dioses
Miran abajo y ríen de esta escena contraria
A la naturaleza.[418] ¡Madre mía, madre! ¡Ah!

---

[417] A falta de otras acotaciones, no es claro en qué preciso momento Volumnia vuelve a arrodillarse con sus acompañantes y en cuál se levantan; en Plutarco, ella concluye su discurso diciendo que, en vista de que no puede persuadir a su hijo, acudirá a su último recurso, y se arrodilla junto con Virgilia y los niños; entonces él la toma de la mano, la levanta y comienza a hablar.

[418] "Estoy viendo los cielos abiertos" (*Hechos*, VII.56). "Escena": los dioses miran esta escena del teatro del mundo, que a su vez está siendo representada en un teatro; el más complejo de los dobles sentidos teatrales que recurren en esta obra, como en tantas otras de Shakespeare.

Para Roma ganasteis una feliz victoria;
Pero en cuanto a vuestro hijo, creédmelo, ah,
    [creédmelo,
Muy peligrosamente con él prevalecisteis,
Si no muy mortalmente. Mas dejadlo venir.
Aufidio, aunque una guerra leal no puedo hacer,[419]
Una paz conveniente forjaré. Buen Aufidio,
De estar en mi lugar, ¿a una madre le habríais
Dado menos oídos? ¿O concedido menos?

Aufidio:
Esto me conmovió.

Coriolano:
                Pues lo habría jurado.
Señor, no es poca cosa conseguir que mis ojos
Transpiren compasión. Pero, buen señor mío,
Qué paz queréis hacer aconsejadme. Yo
No iré a Roma; con vos quiero volver, y os ruego
Que en esta causa estéis conmigo. ¡Ah, madre!
    [¡Esposa!

Aufidio:

[*Aparte.*]

Me alegra que hayas puesto tu honor y tu
    [clemencia
En controversia en ti. Con eso he de labrarme
Una fortuna como la anterior.

---

[419] "Leal" (*true*): a su promesa de conquistar Roma (L. Bliss).

Coriolano:

[*A las damas.*]

                      Sí, enseguida;
Pero juntos debemos beber; y os llevaréis
De regreso un testigo mejor que las palabras,
Que vamos a sellar con esas condiciones.[420]
Bien, entrad con nosotros. Os merecéis, señoras,
Que se os construya un templo.[421] Ni todas las
    espadas
De Italia, más las armas que son aliadas de ella,
Habrían esta paz podido hacer.

(*Salen.*)

---

[420] "Beber": coronación tradicional de un acuerdo de paz, si bien molestó a algunos editores del siglo XVIII que consideraban esto indecoroso para las mujeres. "Testigo..." (*witness...*): un documento escrito. "Esas condiciones": *like conditions*, esto es, "las condiciones que acordamos verbalmente" (L. Bliss), aunque se han propuesto varias otras interpretaciones.

[421] En Plutarco, cuando las damas regresan e informan lo sucedido, el senado resuelve concederles lo que ellas quieran; solicitan sólo la erección de un templo consagrado a la Fortuna de las mujeres, solventado por ellas; el senado lo hace a expensas públicas y ellas de todos modos pagan una segunda imagen de la diosa. Resulta irónico que aquí Coriolano imagine un templo que recordaría su capitulación.

ESCENA IV

[*Roma.*]

(*Entran Menenio y Sicinio.*)

Menenio:
¿Veis aquella esquina del Capitolio, aquella piedra angular?

Sicinio:
¿Por qué, qué hay con eso?

Menenio:
Si os fuera posible desplazarla con el dedo meñique, hay alguna esperanza de que las damas de Roma, especialmente su madre, puedan prevalecer ante él.[422] Pero yo digo que no hay ninguna esperanza; nuestras gargantas están sentenciadas y a la espera de la ejecución.

Sicinio:
¿Es posible que tan poco tiempo pueda alterar la condición de un hombre?

Menenio:
Hay diferencia entre una larva y una mariposa, y sin embargo vuestra mariposa fue una larva. Este Marcio ha pasado de hombre a dragón: tiene alas, es más que un ser reptante.

---

[422] "Prevalecer": *prevail*, irónicamente el mismo verbo con que Coriolano acaba de admitir ante su madre que la súplica lo ha vencido.

Sicinio:
Amaba a su madre profundamente.

Menenio:
También a mí; y ahora no se acuerda de su madre más que un caballo de ocho años. La acidez de su rostro agria las uvas maduras. Cuando camina, se mueve como una máquina, y el suelo se encoge ante su paso.[423] Es capaz de atravesar un coselete con el ojo; habla como un toque de difuntos, y su "hum" es una batería.[424] Está sentado con su pompa como si fuera una cosa hecha para Alejandro.[425] Lo que pide que se haga está terminado junto con su pedido. De un dios no le falta nada más que eternidad y un cielo donde entronizarse.[426]

Sicinio:
Sí, misericordia, si es verdad lo que informáis de él.

Menenio:
Lo pinto tal cual es. Fijaos en la misericordia que ha de traernos de él su madre. No hay en él más miseri-

---

[423] "Máquina" (*engin*): máquina de guerra, probablemente pieza de artillería, conforme a lo que sigue.

[424] "Coselete" (*corslet*): coraza ligera que cubre el torso. "Batería" ("unidad de tiro de artillería"): *battery*, "descarga de artillería" (anacronismo para el presente de la acción).

[425] *As a thing made for Alexander*, generalmente interpretado con el sentido de "como una estatua de Alejandro Magno".

[426] "Que así dice el Excelso y Sublime, / el que mora por siempre ('que habita en la eternidad', traduciendo literalmente de las versiones inglesas)"; "Así dice Yahveh: / Los cielos son mi trono..." (*Isaías*, LVII.15 y LXVI.1).

cordia que leche en un tigre macho. Eso es lo que ha de encontrar nuestra pobre ciudad. Y todo por vuestra culpa.

Sicinio:
¡Que los dioses sean buenos con nosotros!

Menenio:
No, en semejante caso los dioses no van a ser buenos con nosotros. Cuando lo desterramos, no los respetamos; y ahora que él vuelve a rompernos el cuello, ellos no nos respetan.

(*Entra un mensajero.*)

Mensajero:
Señor, por vuestra vida, volad a vuestra casa.
La plebe apresó a vuestro compañero tribuno
Y de aquí a allá lo tiran, jurando todos que,
Si las damas romanas no traen un alivio,
Lo matarán de a poco.

(*Entra otro mensajero.*)[427]

Sicinio:
                ¿Cuáles son las noticias?

---

[427] Hasta aquí, esta escena es plena invención de Shakespeare; de aquí en adelante, junto con la brevísima que le sigue, dramatiza el sintético informe de Plutarco sobre la reacción de los romanos a partir de que los guardias apostados en las murallas comunicaron que los volscos se retiraban.

Segundo mensajero:
¡Buenas, buenas noticias! Prevalecen las damas,
Los volscos levantaron su campo y se fue Marcio.
Un día más alegre jamás saludó a Roma,
Ni cuando a los Tarquinos se expulsó.

Sicinio:
                                         Amigo mío,
¿Estás seguro de eso? ¿Seguro que es verdad?

Segundo mensajero:
Tan seguro estoy como de que el sol es de fuego.
¿En dónde os escondíais que lo ponéis en duda?
La marea jamás cruzó un arco tan rápido
Como los aliviados las puertas.[428]

(*Suenan trompetas, oboes, tambores, todos juntos.*)

                                         ¡Escuchad!
Trompetas, sacabuches, pífanos y salterios,
Tamboriles y címbalos y gritos de romanos
Hacen bailar al sol.[429]

(*Grito dentro.*)

¿Oís?

---

[428] Imagen probablemente inspirada en la de la marea creciente al pasar a través del viejo Puente de Londres, que tenía veinte arcos; hay una similar en *La violación de Lucrecia*, 1667-71.

[429] Muchos escritores contemporáneos de Shakespeare aluden a una vieja creencia popular según la cual el sol bailaba de alegría la mañana del Domingo de Gloria durante las Pascuas.

Menenio:
                    Buenas noticias.
Voy a ver a las damas. Esta Volumnia vale
Una ciudad entera de senadores, cónsules,
Patricios; de tribunos tales como vosotros,
Todo un mar y una tierra. Bien habéis orado hoy;
Esta mañana yo por mil gargantas vuestras
No habría dado un óbolo.

(*Continúa el sonido con los gritos.*)

                    ¡Cuánto júbilo, oíd!

Sicinio:
Los dioses os bendigan por las nuevas; y luego,
Aceptadme las gracias.

Segundo mensajero:
                    Señor, tenemos todos
gran causa para dar grandes gracias.

Sicinio:
                              ¿Ya vienen
Cerca de la ciudad?

Segundo mensajero:
                    Casi a punto de entrar.

Sicinio:
Vayamos a su encuentro y a contribuir al júbilo.

(*Salen.*)

ESCENA V

[Roma.]

(*Entran dos senadores con las damas,* [Volumnia, Virgilia y Valeria,] *atravesando el escenario, con otros señores.*)[430]

Un senador:
¡Ved a nuestra patrona, la salvación de Roma![431]
Reunid a vuestras tribus, alabad a los dioses
Y haced fuegos triunfales; verted flores ante ellos;
Deshaced aquel ruido que ha desterrado a Marcio,
Convocadlo con una bienvenida a su madre.[432]
Gritadles: "¡bienvenidas, señoras, bienvenidas!"

---

[430] A. Dyce introdujo aquí el cambio de escena; como al final de ésta no hay en la primera edición en folio acotación de salida, la que está al final de la anterior podría haber sido desplazada hacia allí por error; de ser así, Menenio y Sicinio se unirían a los que ingresan ahora. Nueva entrada triunfal, ahora de Volumnia, como antes de Coriolano en la primera escena del acto segundo; allí él era el vencedor; aquí, el vencido.

[431] Según Plutarco, el júbilo se demostró especialmente en los honores rendidos por todos a las damas, a quienes atribuían la salvación de Roma.

[432] "Tribus": no habiendo plebeyos incluidos en la acotación de entrada, el actor puede dirigir su discurso a los espectadores; no obstante, las puestas en escena suelen incluir a plebeyos entre los que ingresan. "Alabad / fuegos / flores": en su breve descripción del júbilo, Plutarco menciona que se abrieron los templos, la gente se coronaba con guirnaldas y se hicieron sacrificios a los dioses como si se hubiera tratado de una victoria; los fuegos como expresión de júbilo agradecido eran característicos de la Inglaterra isabelina. "Deshaced aquel ruido": *unshout the noise*, más literalmente "desgritad el ruido", esto es, "retractad a gritos el voto".

Todos:
¡Bienvenidas, señoras, bienvenidas!

(Toque de tambores y trompetas.)
[*Salen.*]

ESCENA VI

[*Ancio.*]

(*Entra Tulo Aufidio, con acompañantes.*)[433]

Aufidio:
Decid a los señores de la ciudad que he vuelto.
Dadles este papel. Ni bien lo hayan leído,
Pedid que se dirijan a la plaza, en que yo,
En sus propios oídos y los de los comunes,
Confirmaré que es cierto lo que ahí dice. Al que
      [acuso
Ya ha cruzado las puertas de la ciudad y busca
Aparecer delante del pueblo, en la esperanza
De poder depurarse con palabras. Id pronto.

[*Salen acompañantes.*]
(*Entran tres o cuatro conspiradores de la facción de Aufidio.*)

¡Muy bienvenidos!

Primer conspirador:
¿Cómo se encuentra nuestro general?

---

[433] Según Plutarco, cuando Coriolano volvió a Ancio, Aufidio, que lo odiaba desde hacía tiempo y lo envidiaba, aprovechó la oportunidad para complotar y reunir una facción en contra de él; le solicitó luego que depusiera el mando y rindiera cuentas, a lo que Coriolano respondió que haría lo que le pidiesen todos en una asamblea, que fue efectivamente convocada. Shakespeare condensa los hechos.

Aufidio:
De igual modo
Que un hombre envenenado por su propia limosna
Y asesinado por su caridad.

Segundo conspirador:
Si vos,
Noble señor, seguís con el plan para el que
Nos quisisteis de aliados, os vamos a librar
De vuestro gran peligro.

Aufidio:
Señor, no sé decir.
Debemos proceder según desee el pueblo.[434]

Tercer conspirador:
El pueblo va a quedar indeciso hasta que haya
Discordia entre vosotros, mas la caída de uno
Hace al otro heredero de todo.

Aufidio:
Lo sé ya,
Y mi pretexto para derribarlo es pasible
De buena construcción. Yo lo alcé, y empeñé
Mi honor por su verdad;[435] y, al elevarse así,
Regó él sus nuevas plantas con rocíos de halagos,

---

[434] "Proceder" (*proceed*): este verbo trae ecos del comienzo de la obra, donde el primer ciudadano lo emplea mientras procura promover la rebelión.

[435] "Verdad" (*truth*): veracidad, fidelidad a sus propias palabras. Las acusaciones que vienen a continuación no tienen precedentes ni en Plutarco ni en la acción de esta obra.

Seduciendo así a mis amigos; y a esos fines
Doblegó su carácter, nunca antes conocido
Sino como escabroso, libre e ingobernable.

Tercer conspirador:
Señor, su pertinacia
En la postulación a cónsul, que perdió
Por falta de humildad...

Aufidio:
                    Es lo que iba a deciros.
Desterrado por eso, vino junto a mi hogar,
Presentó a mi puñal su cuello. Lo acogí,
Lo hice coservidor conmigo, cedí paso
A todos sus deseos; más, dejé que eligiera
Entre mis propias filas, para cumplir sus planes,
Lo mejor de mis hombres; serví yo a sus designios
Con mi propia persona, lo ayudé a juntar fama,
Que acabó siendo suya, y encontró él cierto
    [orgullo
En hacerme ese agravio, y así fue que al final
Yo parecía su seguidor, no el colega,
Y él me pagaba con su favor, como si
Yo fuera un mercenario.

Primer conspirador:
                    Sí, así fue, mi señor.
Se asombraba el ejército por eso, y al final,
Cuando había él vencido ya a Roma y
    [esperábamos
Un botín no menor que la gloria...

Aufidio:
                          Ahí estuvo,
Por lo que han de extenderse mis tendones sobre él.[436]
Por unas pocas gotas de reuma femenino,[437]
Baratas cual mentiras, vendió él sangre y esfuerzos
De nuestra gran acción. Por eso ha de morir,
Y me va a renovar su caída.

   (*Suenan tambores y trompetas, con grandes gritos del pueblo.*)

                         ¡Escuchad!

Primer conspirador:
A esta ciudad natal llegáis como un correo,
Sin bienvenida a casa, y él en cambio regresa
Dividiendo con ruidos el aire.

Segundo conspirador:
                         Y tontos mansos,
Cuyos hijos mató él, rompen su vil garganta
Por darle gloria.

Tercer conspirador:
                   Entonces, para sacar provecho,
Antes que haga discursos o al pueblo lo conmueva
Con lo que ha de decir, que sienta vuestra espada,
Que hemos de secundar. Cuando él yazga a lo largo,

---

[436] Como si los tendones formasen una red.
[437] "Reuma" (*rheum*): "fluxión de humores de cualquier órgano" (DRAE, 2), aquí los ojos o, más precisamente, las glándulas lacrimales.

Su historia dará entierro, contada a vuestro modo,
A sus razones con su cuerpo.

Aufidio:

                               No habléis más.
Ahí vienen los señores.

(*Entran los señores de la ciudad.*)

Todos los señores:
Muy bienvenido a casa.

Aufidio:

                      No me lo he merecido.
Pero, dignos señores, ¿leísteis con cuidado
Lo que yo os escribí?

Todos los señores:
                Sí.

Primer señor:

                    Y nos duele saberlo.
Sus faltas anteriores a la última eran leves,
Creo, de castigar; pero acabar allí
Donde él debía dar comienzo, y regalar
Ganancias de las levas que hicimos, respondiéndonos
Con nuestros propios cargos, haciendo un pacto
      [donde
Había rendición, eso no admite excusa.[438]

---

[438] "Cargos" (*charge*): "gastos" ("recompensándonos con nuestros propios gastos –de reclutamiento del ejército–", S. Johnson), o bien

Aufidio:
Se acerca; vais a oírlo.

(*Entra Coriolano marchando con tambor y estandartes, acompañado por los plebeyos.*)[439]

Coriolano:
¡Salud, señores! Vuelvo como soldado vuestro,
No más contaminado del amor a mi patria
Que al partir desde aquí, sino siguiendo siempre
A vuestras altas órdenes. Lo que debéis saber
Es que prósperamente llevé el emprendimiento
Y con sangriento paso conduje vuestras guerras
A las puertas de Roma. Trajimos un botín
Que contrapesa en más que una tercera parte
Los cargos de la acción.[440] Hemos hecho una paz
Que no menos honor da a los anciates que
Vergüenza a los romanos. Y entregamos aquí,
Suscrito por los cónsules y los patricios, junto
Al sello del senado que corresponde, todo
Lo que hemos acordado.

Aufidio:
                      No lo leáis, señores;

"autoridad, cargo de general" ("respondiendo –a nuestras acusaciones– diciendo que actuó en función del cargo que se le había conferido", P. Brockbank).

[439] Otro ingreso en triunfo que contrasta con el del propio Coriolano en la primera escena del acto segundo, de la cima a la sima: ahora sólo lo aclaman los plebeyos, a quienes tanto despreciaba él en Roma.

[440] "Cargos" (*charges*): si antes en boca del primer señor significaba "gastos", aquí Coriolano responde a aquella acusación que no ha oído.

Decidle a este traidor en el más alto grado
Que ha abusado de los poderes vuestros.[441]

Coriolano:
¿Cómo es esto? ¿"Traidor"?

Aufidio:
                    Sí, traidor, Marcio.

Coriolano:
                              ¿"Marcio"?

Aufidio:
Sí, Marcio, Cayo Marcio. ¿Crees que voy a hacerte
La gracia de ese robo, de tu nombre robado,
Coriolano, en Corioles?[442]
Señores y cabezas del estado, infielmente
Ha traicionado él vuestros asuntos y cedido,

---

[441] Puntuación según la primera edición en folio; L. Theobald introduce una coma después de *traitor*, "traidor", con lo cual el sentido pasaría a ser: "... que en el más alto grado / Ha abusado...". En Plutarco, para evitar que Coriolano hablase ante la asamblea reunida, algunos conspiradores comenzaron a gritarle "traidor" y se abalanzaron sobre él.

[442] Según Plutarco, estos hechos ocurren en Ancio; en lo que va de esta escena, varios trazos apuntan a la misma ubicación (se habla de ciudad natal de Aufidio, de lugar desde donde partió Coriolano y de que la paz da honor a los anciates); la opinión más difundida es que, al llegar a este punto, Shakespeare cambió por Corioles en razón de la carga dramática que tal ubicación aportaba a los hechos, ya que el ocaso final del protagonista se produciría en el mismo lugar en que había alcanzado la cumbre de su gloria y antes los mismos "enemigos"; si bien algunos indicios en lo que resta parecen colaborar con la idea de que la acción pasa a transcurrir en Corioles, según se verá anotado y discutido *in situ*, cabe aquí otra alternativa de interpretación que no implica descuido autoral,

CORIOLANO

Por gotitas de sal, vuestra ciudad de Roma
–Digo "vuestra ciudad"– a su esposa y su madre,
Rompiendo el juramento y el propósito como[443]
Una trenza de seda podrida, no admitiendo
Consejos en la guerra, y, al llorar su nodriza,
Gimoteó y echó a gritos de allí vuestra victoria,
Sonrojando a los pajes mientras hombres de
      [espíritu
Entre sí se miraban con asombro.[444]

Coriolano:
                                    ¿Oyes, Marte?

Aufidio:
No nombres al dios tú, niño llorón.

Coriolano:
                                      ¿Qué?

Aufidio:
                                      Basta.

Coriolano:
Mentiroso sin límites, me henchiste el corazón

---

la de que "en Corioles" califique a "robado" ("robado en Corioles") y no al verbo principal ("hacerte la gracia en Corioles"), y por lo tanto la acción esté transcurriendo en Ancio.

[443] "El juramento y el propósito" (*oath and resolution*): esto es, "el propósito jurado", hendíadis.

[444] La gramática un tanto forzada de esta extensa frase corresponde al original, y a la turbación de quien la pronuncia.

Demás para que quepa donde está. ¿"Niño"? ¡Ah,
    [esclavo!
Perdonadme, señores, es la primera vez
Que se fuerza mi insulto. Vuestro juicio, mis
    [nobles,
Debe dar el mentís a este cuzco; y su idea,[445]
Que tiene mis azotes impresos en él, que
Debe llevar mis golpes a la tumba, ha de unirse
Para echarle el mentís.

Primer señor:
                            Calma, ambos, y escuchadme.

Coriolano:
Despedazadme, volscos. Hombres y muchachitos,
Manchad filos en mí. ¡"Niño"! ¡Tú, perro falso!
Si habéis escrito anales verazmente, es allí
Que yo, tal como un águila dentro de un palomar,
Hice que vuestros volscos volaran en Corioles.[446]
Lo hice yo solo. ¡"Niño"!

Aufidio:
                        Nobles señores, vaya,
¿Dejaréis que este impío bravucón os refriegue

---

[445] "Cuzco" (*cur*): el mismo "insulto" que Coriolano dirige a la plebe romana en la escena inicial y en la tercera del acto tercero. "Idea" (*notion*): noción o conciencia de la verdad de los hechos.

[446] "Allí" (*there*): en los anales (L. Bliss); no es de descartar, sin embargo, que se refiera a Corioles, como al final de la frase, de un modo que colabora con la idea de que la acción no transcurre en esa ciudad sino en Ancio.

Esa ciega fortuna, que fue vuestra vergüenza,
Por los ojos y oídos?[447]

Todos los conspiradores:
No, que muera por eso.

Todo el pueblo:
¡A cortarlo en pedazos! ¡Hagámoslo ya mismo! ¡Él mató a mi hijo! ¡Mi hija! ¡Mató a mi primo Marco! ¡Mató a mi padre![448]

Segundo señor:
¡Calma! Nada de ultrajes. ¡Vamos, calma!
Él es un hombre noble, y envuelve su renombre
Este orbe de la tierra.[449] Su última ofensa debe
Tener juiciosa audiencia.[450] Deteneos, Aufidio,
Y no turbéis la calma.

---

[447] "Ciega fortuna": lo que Coriolano consiguió, según Aufidio, por mero azar y no por propio mérito.

[448] En Plutarco, los conspiradores más osados, al grito de "traidor", se abalanzan sobre Coriolano antes que pueda hablar y lo matan, sin que ninguno de los presentes lo defienda; Shakespeare hace consentir con gritos a la plebe volsca, como antes a la romana cuando se sentencia el destierro. El contenido de las exclamaciones, de la tercera en adelante, parecería en principio cuadrar más al pueblo coriolense que al anciate; sin embargo, a continuación de su hazaña en Corioles, Coriolano fue a combatir contra las fuerzas de Ancio (entre las escenas séptima a novena del acto primero), y allí seguramente liquidó a hijos, primos y padres de anciates (los "tontos mansos" que, según Aufidio en la primera parte de esta escena, igual lo vitorean); la única posible disonancia, "hija", no está acompañada de "mató", y por lo tanto podría ser un lamento por una hija que perdió a su esposo o hijo.

[449] Esto es, su renombre está difundido por toda la tierra.

[450] "Justiciera": *judicious*, "judicial" y "sensata".

Coriolano:
                    ¡Si pudiera tenerlo,
Con seis Aufidios, más, su tribu, para usar
Mi espada justiciera![451]

Aufidio:
                    ¡Tú, villano insolente!

Todos los conspiradores:
¡Matad, matad, matad, matad, matadlo!

   (*[Los] conspiradores desenvainan, y matan a Marcio, que cae; Aufidio pone el pie sobre él.*)

Señores:
¡Cesad, cesad, cesad!

Aufidio:
Nobles señores míos, dejad que os hable.

Primer señor:
                    ¡Ah, Tulo!

Segundo señor:
Has cometido un hecho que hará al valor llorar.

---

[451] Estas palabras de Coriolano evocan otras de su madre ante Sicinio en la segunda escena del acto cuarto, donde él no estaba presente. J. Jowett acota al comienzo de este parlamento que Coriolano desenvaina su espada, pero eso, además de no tener antecedentes en Plutarco, tiene menor carga dramática que el asesinato de quien no intenta o no llega a defenderse.

Tercer señor:
No holléis su cuerpo vos.[452] Señores, quietos todos.
Envainad las espadas.

Aufidio:
Cuando sepáis, señores, cosa que en esta cólera
Provocada por él no podéis, el gran riesgo
Que os debía la vida de este hombre, os gustará
Que así se haya cortado. Plazca a vuestros honores
Convocarme al senado, para que allí os demuestre
Que soy vuestro leal servidor o soporte
Vuestra mayor censura.

Primer señor:
                        Llevad de aquí su cuerpo,
Y haced duelo por él. Que se lo considere
Como al cadáver más noble que haya seguido
Un heraldo hasta su urna.[453]

Segundo señor:
                        La intolerancia de él
A Aufidio le sustrae gran parte de la culpa.
Saquemos lo mejor de allí.

---

[452] Inversión de la predicción de Volumnia en la tercera escena del acto primero, de que Marcio iba a hollar la nuca de Aufidio, y también, no tan simétricamente, de su temor, en la tercera escena del acto quinto, de que el hijo hollase las ruinas de Roma y a ella misma.

[453] En los funerales de nobles ingleses, un heraldo seguía a la procesión, aunque precedía al principal doliente y el ataúd. Según Plutarco, el hecho de que la mayoría de los volscos no aprobaba el asesinato quedó demostrado por la numerosa concurrencia desde distintas ciudades para darle honorable entierro y adornar la tumba con armas y despojos de guerra como cabía a un general.

Aufidio:

                Pasó mi cólera,
Y ahora estoy atacado de dolor. Levantadlo.
Que ayuden tres soldados principales; seré uno.[454]
Haz sonar tú el tambor, que se exprese con duelo;
Arrastrad vuestras picas.[455] Aunque en esta ciudad
Él dejó sin esposos o sin hijos a muchas,
Que lamentan hasta hoy esa injuria notoria,
No obstante va a obtener una noble memoria.[456]
Asistidme.

(Salen, cargando el cuerpo de Marcio. Suena una marcha fúnebre.)[457]

---

[454] "Uno" (*one*): el cuarto.

[455] En los funerales militares ingleses, se arrastraban por el suelo las picas invertidas, con la punta hacia abajo, en señal de duelo.

[456] "Esta ciudad / sin esposos o sin hijos": otro indicio que da a pensar primeramente en Corioles, pero que, según está anotado anteriormente, cuadra de igual modo a Ancio. "Memoria" (*memory*): "memorial" y "recuerdo póstumo".

[457] "Marcha fúnebre": contraste con la algarabía de los romanos cuando Coriolano decide retirarse. En Plutarco, cuando llega a Roma la noticia de la muerte, no hay expresiones ni de honor ni de resentimiento, y tan sólo se permite a las mujeres, a su pedido, hacer duelo por diez meses, según era costumbre ante la pérdida de un padre, hijo o hermano.

Se terminó de imprimir en el mes de
enero de 2005 en Imprenta de los
Buenos Ayres S.A.I.C., Carlos Berg 3449,
Buenos Aires - Argentina